THE ART OF INVESTING
100 INVESTING TEXTBOOKS CONCENTRATED IN 1 BOOK

最高理財術

將「一百本理財術暢銷書」重點整理成冊
基金經理人、理財規劃師、知名投資家、經濟評論家……實踐的
『理財術』祕訣完整收錄

文道　藤吉豐　小川真理子

游韻馨 ──── 譯

序

　　這是**一本統整「一百本」理財術名著精髓**的書。

　　「將基金經理人、理財規劃師（FP）、知名投資家、經濟評論家、稅理士、會計士等金融專家實踐的『理財術、用錢術』統整在一本書裡。」

　　「讓讀者依重要順序，學習資產運用、房貸、人身保險、年金、稅金等不知道就虧大的理財知識。」

　　這就是本書的概念。

　　雖說是「理財術」暢銷書，但切入角度各有不同，例如「透過投資增加財富」、「節流減少支出」、「了解年金與稅金的運作機制」、「介紹富豪的理財習慣」、「準備退休金的技巧分享」、「解讀經濟指標」等。

　　在筆者藤吉豐與小川真理子統籌的「一百本書系列」（「將『一百本○○暢銷書』重點整理成冊系列」，已出版的有《最高寫作法》、《最強說話術》和《最強學習法》）中，投資理財是涉獵範圍最廣的主題。儘管如此，熟讀一百本名作仍大有斬獲。

　　最大的收穫就是**「理財專家的想法有共通之處，有些『理財術』、『存錢法』和『用錢觀念』**（＝共通的技能知識）深受專家認同」。

　　本書將依「重要順序」向各位介紹共通的技能知識。

◆決定排名順序的方法

　　為了收集多數理財書作者認為「重要」的共通技能知識，本書依照下列順序篩選編纂。

（1）購入「一百本」以「金融財富」為主題的書

　　股票投資、家庭財務管理、稅金、年金、退休金、房貸、不動產、虛擬貨幣等，以「金融財富」為主題的暢銷書、長銷書，選擇基準請參閱第194頁的詳細說明。

（2）整理出每本書寫了哪些技能知識

　　仔細閱讀書籍，找出作者認為「重要」的祕訣。

（3）將共通技能知識列成清單

　　將類似的「技能知識」統整在一起，記錄有「幾本書」寫下同樣的技能知識。舉例來說：
　　・寫「投資風險降低法」的書有○本
　　・寫「投資信託選擇法」的書有○本……

（4）將技能知識排出先後順序

　　依照「刊載的書籍數量」為技能知識排出先後順序。

　　下一頁的排行榜就是依照以上順序製作而成。

發表！「理財術」

真正重要的七大基本原則

「分散投資」降低風險

利用「投資信託」穩健理財

立刻減少常見的「無謂支出」

事先決定「賣點」

不過度害怕也不過度承擔「風險」

「自有住宅」的優缺點和房貸

「正確」投保人身保險

的重要順序排行榜　Best 28！

提升投資效率的十一個祕訣

NO.8	想成為有錢人就要投資
NO.9	關注「指數」和「指標」
NO.10	不感情用事
NO.11	借助「複利力」增加財富
NO.12	存錢族的共通「習慣」
NO.13	將不動產投資納入選項
NO.14	理財的第一步從「儲蓄」做起
NO.15	不借「高利貸」
NO.16	投資股市從「收集資訊」做起
NO.17	發展職涯增加收入
NO.18	「稅金知識」改變存錢方法

不知道就虧了的十大重點

No.19	靠「自己的大腦」思考並做最後決定
No.20	想成為有錢人就要「學習理財」
No.21	選擇「適合自己」的金融機構
No.22	現在立刻行動！
No.23	降低風險可從「國債」做起
No.24	鎖定配息和股東優惠
No.25	外幣儲蓄特有的風險
No.26	FX是高風險高報酬的投資工具
No.27	信用卡的優缺點取決於「使用方法」
No.28	開始投資美國股市

◆善用排行榜的方法與本書構成

本書將從一百本書萃取的二十八個重點分成三大項。

・第1～7名（→請參閱Part1）

多數作者認為「重要」的七大技能知識。

網羅所有人都需要的技能知識，包括退休金儲備法、減少無謂支出的方法、降低投資風險的重點、重新檢視房貸與人身保險的訣竅等。

學會這七大技能知識，就能達成以下目的：

「有效增加現有資產。」

「不浪費手邊的錢。」

・第8～18名（→請參閱Part2）

理解「第1～7名」之後，若想進一步提升理財效率，就要學會這些技能知識。

講解「投資的必要性」、「面對財富焦慮」、「辨別借款的正面與負面影響」、「富豪的習慣」、「稅金的意義與作用」，培養珍惜財富的心態。

・第19～28名（→請參閱Part3）

依照「股票投資」、「國債」、「外匯交易」、「外幣存款」、「美國股票」等投資類型，解說各自特色和優缺點。

筆者藤吉與小川在本書擔任導讀角色，兩人皆非理財專家，因此得以拋開先入為主的觀念，站在讀者立場，和讀者抱持相同疑問，客觀地、系統性地統整出一百本書的重點。

由於**每個項目都是獨立的**，**各位可以任意選擇閱讀**，絕對能有條不紊地了解各大重點。

◆關鍵字「共通的技能知識」究竟是什麼？

誠如前方所述，本書聚焦於「兩本以上的書共同介紹的技能知識、觀點與祕訣」，並加以統合整理。

舉例來說，如果兩本以上的書提及「降低投資風險就要分散投資」，即代表這是多數作者認可的「共通技能知識」。

> ●共通的技能知識⋯⋯基金經理人、理財規劃師、知名投資家、經濟評論家、稅理士、會計士等多數「理財書」作者認為重要的技能知識。一百本書中反覆出現的技能知識。

「**兩本以上的書提及同樣的技能知識**」，代表不可忽略「**這項技能知識**」。

一百本書只有「一本」提及的技能知識，是該書作者特有的智慧結晶，也可能是「該書作者認為重要，其他作者並不重視的技巧」。

一百本書有「五十本」提及的技能知識，與只有「一本」介紹的技能知識相較，「五十本」提及的技能知識具有較高的通用性、普遍性，也較容易重現。換句話說，是較容易學習會、模仿，以及對多數人有用的技能知識。

我們認為：

「比起只有一本提及的訣竅，先學會許多書提及的技能知識，就不會浪費珍貴的金錢。」

「儲蓄和投資時注重共通的技能知識，較容易創造成果。」

◆本書優點

本書優點主要為以下九點：

本書的九大優點

①明白「投資較好的理由」。
②懂得調整支出，增加儲蓄的方法。
③學會降低投資風險的方法。
④了解該投資什麼，選對投資標的。
⑤找到適合自己的投資法、節約法與儲蓄法。
⑥知道如何儲備退休金。
⑦清楚存錢族和月光族的差別。
⑧知道如何開始投資。
⑨了解投資新手容易犯的錯誤。

◆本書對象

本書結構不限定職業、年齡與目的，可幫助多數人建立自己的資產。

- 想增加手中資金的人
- 想開始投資的人
- 擔心退休資金不足的人
- 不擅長管理家計的人
- 結婚、生產、轉職、辭職、買房、小孩升學等,即將面臨人生重大課題的人。
- 想提升金融相關知識的人
- 自由工作者與自雇者等,沒有薪資收入的人

「市面上那麼多理財書,不知該讀哪一本?」
「我想開始投資,但總是覺得害怕。」
「希望慢慢累積財富,金額不高也無所謂。」
「想穩定地增加資產。」
「想杜絕無謂支出。」
「擔心退休資金不足。」

如果你有上述煩惱,衷心希望本書能成為你的助力,這是身為作者最大的榮幸。

株式會社文道　藤吉豐／小川真理子

最高理財術

Contents

序　2
　發表！「理財術」的重要順序排行榜　Best 28！　4

Part.1　收集百本名著才明白 真正重要的「七大基本原則」
排行榜第1～7名

No.1　「分散投資」降低風險　16
① 分散資產與標的　21
② 海外也要投資　23
③ 定期定額投資　24

No.2　利用「投資信託」穩健理財　28
① 「指數型基金」勝過「主動型基金」　33
② 想自己決定買賣時機就選「ETF」　36
③ 不要選「月配息基金」　38

No.3　立刻減少常見的「無謂支出」　44
① 大致掌握「哪些項目支出多少」　45
② 從檢視固定支出做起　48
③ 不買「想要的東西」，只買「需要的物品」　50
④ 先扣除儲蓄和投資的錢　51

No.4 事先決定「賣點」 54
1. 停損要及早 55
2. 透過「重整投資組合」降低風險 59

No.5 不過度害怕也不過度承擔「風險」 62
1. 思考「自己的風險承受度」 65
2. 絕對不能將生活費拿去投資 68
3. 世上沒有「不勞而獲」的事 69

No.6 「自有住宅」的優缺點和房貸 76
1. 了解買房與租房的優缺點 77
2. 購屋應考慮「轉售價值」 78
3. 建立做得到的「還款計畫」 80

No.7 「正確」投保人身保險 86
1. 了解人身保險的四大型態 88
2. 醫療保險只要最低限度即可 89
3. 儲蓄和保險應分開 91

Part.2 百本名著推薦提升投資效率的「十一個祕訣」
排行榜第8～18名

No.8 想成為有錢人就要投資 100
1. 光靠工作無法成為有錢人 101
2. 銀行存款可能導致財富縮水 102
3. 讓錢為你工作是退休生活更充裕的祕訣 103

No.9 | 關注「指數」和「指標」 104
1. 關注指數和指標是成功投資的關鍵 104
2. 透過日經平均指數掌握市場大趨勢 106
3. 購買PER較低的股票 106

No.10 | 不感情用事 108
1. 放棄執著 109
2. 過度貪心導致鉅額損失 110
3. 「失敗」是學習的機會 110

No.11 | 借助「複利力」增加財富 112
1. 長期投資，讓「複利」效果成為助力 113
2. 透過「七二法則」掌握本金翻倍的時機 116

No.12 | 存錢族的共通「習慣」 118
1. 訂定花錢規則 118
2. 捐款 119
3. 經常整理家裡 119
4. 不過度工作 121

No.13 | 將不動產投資納入選項 122
1. 用「他人資本」投資不動產 123
2. 投資剛落成的套房要特別注意 125
3. 想從小額開始投資的人要活用REIT 125

No.14 | 理財的第一步從「儲蓄」做起 128
1. 打造「自然儲蓄的機制」 129
2. 收入的兩到三成要存起來 130

No.15 | 不借「高利貸」 132
1. 借錢要謹慎 134
2. 從利息決定還款的先後順序 135

No.16 投資股市從「收集資訊」做起　136
1. 緊盯決算書的數字變化　136
2. 網路資訊不可輕信　137

No.17 發展職涯增加收入　138
1. 投資自己，增加「自己」的價值　138
2. 透過工作提升自己的價值　139

No.18 「稅金知識」改變存錢方法　140
1. 注意自己付了多少稅金和社會保險費　140
2. 可以扣除的項目一定要扣除　143

Part.3 若不想吃虧，一定要知道的十大重點
排行榜第19～28名

No.19 靠「自己的大腦」思考並做最後決定　148

No.20 想成為有錢人就要「學習理財」　150

No.21 選擇「適合自己」的金融機構　152

No.22 現在立刻行動！　154

No.23	降低風險可從「國債」做起 156
No.24	鎖定配息和股東優惠 158
No.25	外幣儲蓄特有的風險 160
No.26	FX是高風險高報酬的投資工具 164
No.27	信用卡的優缺點取決於「使用方法」 170
No.28	開始投資美國股市 176

Column
- 1 「股份有限公司」的運作機制 40
- 2 投資與投機、賭博是同一件事嗎？ 72
- 3 通膨時與通縮時該如何運用資產？ 94
- 4 提早退休不是夢？「FIRE」的觀念 145
- 5 有錢等於幸福？富豪的觀點 178

附錄 一定要知道的「理財用語」解說集 181

結語① 你學習理財了嗎？／藤吉豐 186
結語② 寫給所有未曾學習理財的成年人／小川真理子 189

本書參考的一百本名著 192

Part.1

收集百本名著才明白真正重要的「七大基本原則」

排行榜第1～7名

「分散投資」降低風險

Point
1. 分散資產與標的
2. 海外也要投資
3. 定期定額投資

第一名是「『分散投資』降低風險」。

一百本書中，有四十七本書寫到分散投資的重要性。

> ●**分散投資**……在不同時間投資股票、債券、海內外等多個投資標的。所有資產一次虧損的風險較低。

投資有風險。投資風險意味著「無法確定結果（不可預測）。」

股票和債券（國家或企業為了借錢而發行的有價證券）價格受到許多因素影響（關於投資風險請參照第五名的詳細說明）。

何謂「投資風險」

- 風險高

……價格變動大,可能大賺一筆,也可能遭受慘重損失。

- 風險低

……價格變動小,雖不可能大賺一筆,但損失慘重的可能性偏低。

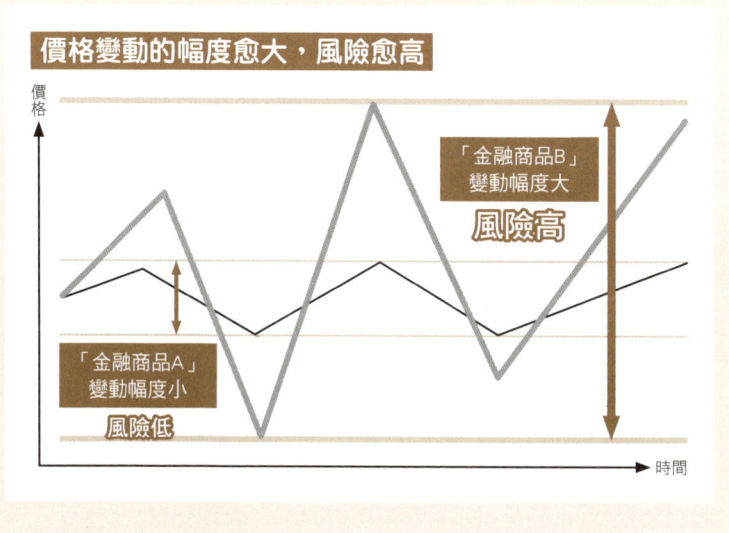

雖然無法完全消除投資風險,但有方法可以降低。其中之一就是分散投資。

當你擁有兩個以上的資產(持有多種不同的金融商品),其中之一跌價,可靠其他資產升值彌補虧損,降低風險。

「分散投資是理財關鍵,可在不減損報酬的狀況下降低風險,也能在同等風險性中最大化報酬。」（山崎元《成為理財高手！ 便攜版》／Discover 21）

> ●資產……現金、存款、股票、不動產、債券、現金等,「可以換算成金錢的財產」。

分散對象主要為以下四大類：

（1）分散資產

投資股票、債券、不動產等不同種類的資產組合。

「資產分配（Asset allocation）的意思是決定自己的資產如何配置,約八成的資產投報率取決於資產分配。」（勝間和代《錢不要存銀行》／商周出版）

分散資產範例

資產分配

- 現金與儲蓄
- 國外債券
- 國內債券
- 不動產
- 國內股市
- 國外股市

（2）分散投資標的

投資標的指的是股票、債券、投資信託等個別商品的名稱（以股票為例就是企業名稱）。不要只投資特定標的，應投資多個標的。以投資股票來說，不要只投資A公司，還要投資B公司、C公司，持有多家公司股票（雖然ABC是三家不同公司，但同樣都是「股票」）。

分散標的範例

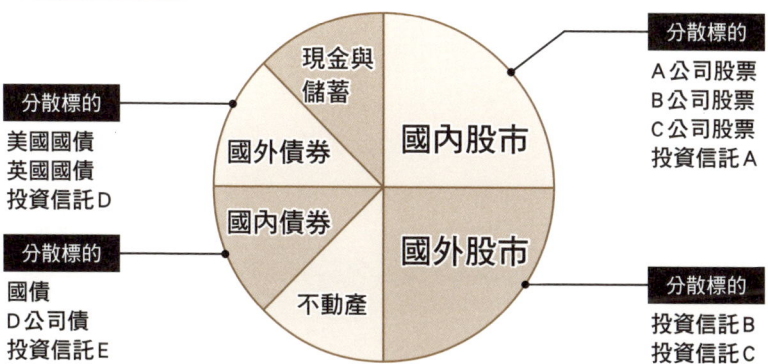

（3）分散地區

投資多個國家、地區和貨幣，若集中投資單一國家、地區，當該國經濟狀況惡化，風險就會變高。

「若三十年前投資美國股市，這三十年間股市漲了十倍，投資德國股市也漲了十倍。（略）

長期在全世界不同國家分散投資，是最簡單也最容易賺錢的方法。」（中桐啟貴《日本第一簡單的「投資」與「理財」書》／CrossMedia Publishing）

分散地區範例

（4）時間（時期）分散

　　投資金融商品會有價格變動，因此不要一次投資，應該在不同時間分批買進。如此可以避免買在高點，以長遠眼光來看，還能平均每次的投資金額，通常可以降低持有成本。

時間分散

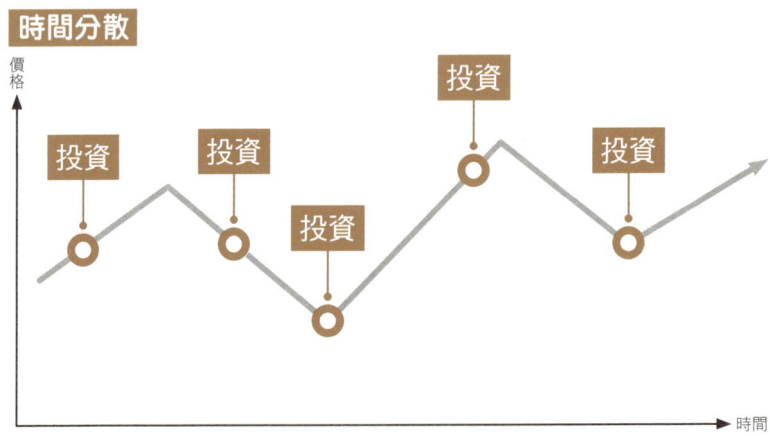

接下來進一步解釋「分散投資」的內容（四個分散對象）。

1 分散資產與標的

投資的世界裡有句格言：**「別把雞蛋放在同個籃子裡。」**

若將雞蛋放在同個籃子裡，當籃子掉在地上，所有蛋很可能會破掉。

然而，若將雞蛋放在不同籃子裡，當其中一個籃子掉落，其他籃子裡的雞蛋仍完好如初。

投資也是同樣道理。將所有錢投入單一標的（或資產），當該標的（或資產）暴跌，投資人很可能失去所有資金。然而，若將錢分散在不同籃子（多個標的或資產）裡投資，就能分散風險。

別把雞蛋放在同個籃子裡

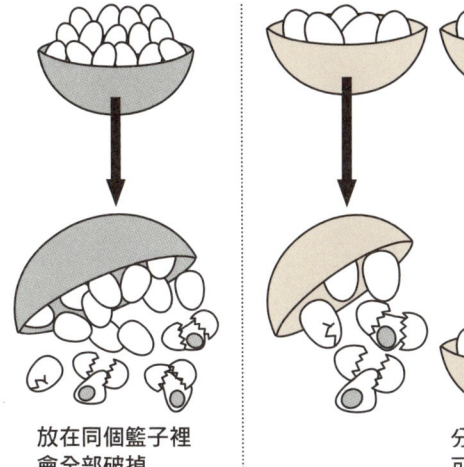

放在同個籃子裡
會全部破掉

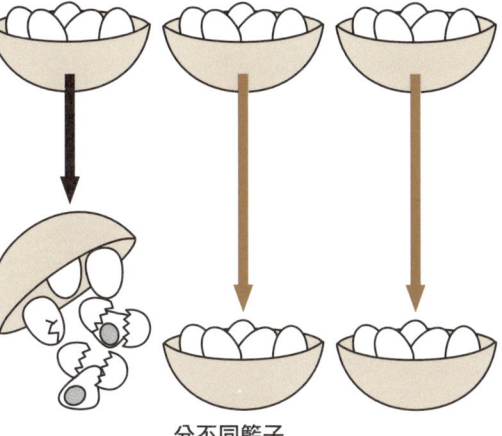

分不同籃子
可以避免全破

「自古都說運送雞蛋時，絕不能把蛋放在同一個籃子裡。投資也是同樣道理，即使認為收益可期，把所有資金投入單一事業的風險仍然極高。（略）在一處失敗，也可能在第二處成功；在第二處虧損，也可能利用第三處的收益打平。」（本多靜六《我的庶民養錢術》／大牌出版）

有「全美第一基金經理人」之稱的彼得・林區（Peter Lynch）也推薦分散投資。
「請投資多家公司。原因很簡單，當你選擇的五家公司中，很可能出現有一家表現亮眼，有一家業績低迷，還有三家持平的狀況。」（《彼得林區：征服股海》／財信出版）

股票市場的行情（價格）波動稱為「價格變動」。
不是所有的資產與標的都會呈現一樣的價格變動，因此**分散投資的基本原則是組合「價格變動不一致的資產和標的」與「特性不同的金融商品」**。

例如組合股票與債券。
通常股票與債券的價格變動不一致，一般來說，「股票上漲時債券就會下跌」。

「原則上年紀愈輕的投資人，持有股票的比例較高。隨著年齡增長，逐漸提高債券和儲蓄比例。」（Tapazou《累積財富　超簡單美股投資術》／KADOKAWA）

「分散投資的祕訣盡可能結合不同業種的標的，因為相同業種的標的，漲跌價趨勢相同。舉例來說，組合『日圓貶值時抗壓力強的標的』和『日圓升值時抗壓力強的標的』，就能利用兩者差異進一步分散風險。」（安恆理《日本最強股票勝經》／易富文化）

2 海外也要投資

一百本書作者中，多數提及國際分散投資的必要性。

> ●國際分散投資……不局限於日本國內，將眼光放至先進國家和新興國家等海外標的，分散投資。

日本的高齡少子化日趨嚴重，經濟成長也呈現鈍化狀態，加上各種因素影響，許多人擔心「未來經濟很難大幅發展」。

另一方面，若將眼光放至海外，就會發現有些國家前景可期。**不要只投資國內，結合海外的金融商品，就能降低風險。**

「最簡單的戰略是買遍全球股票市場。如此一來，無論個別國家經濟如何，只要全球經濟整體成長，就能因此受惠。」（橘玲《寫給膽小者的股市入門書》／文藝春秋）

不只日本國內,海外也要投資

（國際分散投資範例）

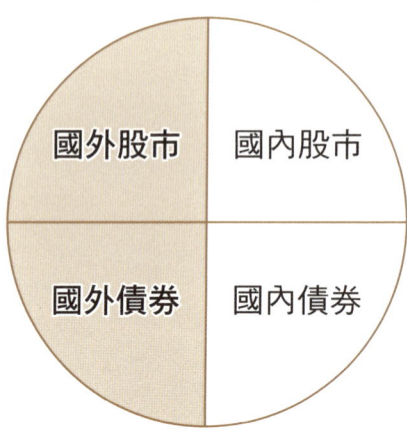

3 定期定額投資

　　定期定額是指在固定週期（每月等），投入固定金額的投資方法。

　　在不同時間購買投資標的,可藉由時間分散,達成降低風險的效果。

　　此投資方法又稱為「平均成本法」（Dollar Cost Averaging,Dollar是「錢」的意思,不是用美金投資之意）。

> ●平均成本法……在固定時間,投入固定金額購買投資標的（金融商品）的方法。

「完全不懂投資，而且只有小額資金，每個月一點一點投資……如果這是你的現況，請感恩自己的幸運。」（山口貴大【獅子兄】《年薪三百萬日圓FIRE》／KADOKAWA）

定期定額投資的主要優點為以下三項：

（1）可從小額開始投資

若是投資信託，**每月一百日圓即可投資**。

（2）無須擔心購入時機

事先決定購入時機，例如「每月二十日買一百日圓」，**設定自動扣款**，無須煩惱購入時機就能慢慢投資。

這個做法不會讓人為了價格變動忽喜忽悲，有助於維持穩定的精神狀態。

「大家常說成功投資的鐵則是『低買高賣』。（略）

然而，我們每天忙著工作和照顧家庭，很難掌握最好的投資時機。

因此，我建議各位以定存的概念，每個月一點一點投資，這就是『定期定額投資法』。」（井澤江美《客戶大排長龍的人氣女性FP　存錢、守錢、增錢　超正解30》／東洋經濟新報社）

（3）攤平購入價格

就算價格漲漲跌跌，最後仍能攤平購入價格。

定期定額的時間愈長，攤平時間也會變長，有助於降低價格變動風險。

「我們能做的不是『在最好的時間點買賣』,而是『避開最糟狀況』。(略)

而且可以靠購買方法主動『避開最糟狀況』,此方法就是『平均成本法』。方法很簡單,假設你手邊有一百萬日圓,不要一次投入,分批在不同時間購買。」(兩@Libe大學長《擁有真正的自由 理財大學》／朝日新聞出版)

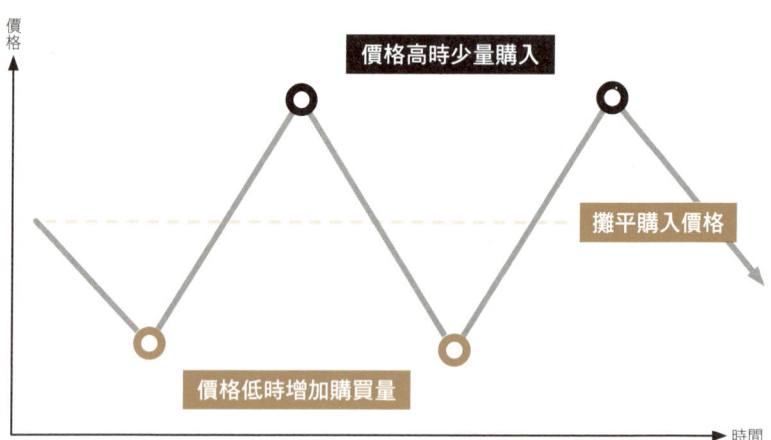

此外,開始定期定額投資後,一定要「長期持有」。
長期持有可以降低投資標的低於本金(虧損)的機率。

●本金……購買投資標的的錢。

以投資股市為例,操作期間愈長,收受配息和股東優惠的次數就會變多,有助於提升獲益。

根據日本金融廳發行的《積立NISA解說指南》，假設在一九八五年之後，每年每月以相同金額購買國內外股票、債券，分散投資，持有五年很可能虧本；但持有二十年虧本的機率為零（此為根據過去實績統整的結果，不保證未來成果）。

　　「**投資期間愈長，最低報酬和最高報酬的振幅愈收斂，投報率趨於穩定。**（略）
　　投入市場的時間愈長，可得到相應的報酬。」（穗高唯希《給真心想操作FIRE的投資人　資產形成入門書》／實務教育出版社）

 利用「投資信託」穩健理財

Point

1. 「指數型基金」勝過「主動型基金」
2. 想自己決定買賣時機就選「ETF」
3. 不要選「月配息基金」

第二名是「利用『投資信託』穩健理財」。

一百本書中有四十三本推薦「購買投資信託」。

投資信託指的是「相信」資產運用專家,將自己的錢「託付」給對方的投資方式。也稱為「基金」或「投信」。

> ●投資信託(基金、投信)……資產運用專家(基金經理人)利用從投資人募集來的錢,投資、操作國內外股市和債券的金融商品。投資人從操作獲利中分取利潤。

投資信託是由基金經理人從眾多標的中,選出幾個可能獲利的選項組合出來的金融商品。

此類商品種類繁多,包括「國內股市型」、「國內債券型」、「國外股市型」、「國外債券型」、「平衡型」、「REIT(以不動產為投資標的的投資信託,請參閱第十三名的說明)」等。平衡型不偏重於日本股市,也不會只投資國外債券,而是平均投資國內外的股市和債券。

一般而言，國內比海外、債券比股市的風險較高，報酬也較高（可能導致大額虧損，也可能賺取高額利益）。

「投資專家眼光犀利，像裝便當一樣，將股票、債券等標的放入名為投信的『容器』裡，完成『組合式商品』。」
「不只是股票，還有債券與不動產等，名為投信的『容器』裡放的菜色因商品而異。」（竹川美奈子《稅金歸零　實惠的「積立NISA」與「一般NISA」活用入門》／鑽石社）

「投資信託又稱基金！以買組合商品的概念購買股票，組合內容由專家嚴選。」（大河內薰、若林杏樹《請教我存不了錢也無須為錢煩惱的方法！》／SANCTUARY出版）

股票投資是由自己尋找標的（企業股票）投資。
另一方面，投資信託則是全權由資產運用專家決定「投資哪些股票」。

股票投資與投資信託之差異

股票投資
自己尋找投資企業

投資信託
由專家聯合購買產品

統整四十三本理財書提及的「投資信託優點」如下：

◆投資信託的優點

- 可從小額開始投資。
- 無須自己動腦，由投資專家思考投資組合。
- 由於是「組合式商品」，可分散投資多個標的。
- 種類豐富。
- 投資狀況公開透明（投資人可自行確認投資績效）。
- 即使協助操作的金融機構（銷售公司、投資公司、信託銀行）**破產**，也不會損及資金。

投資信託是結合股票與債券的組合式商品,可間接分散投資多個標的。

「就算想分散投資,要從數量龐大的金融商品一一挑選購買,是很繁複的工作。(略)

幫一般投資人完整解決上述問題的金融商品就是『投資信託』。(略)

負責操作投資信託的投資公司,掌握買賣股票的決定權,分散投資各種股票。」(小林義崇《致富原子習慣》/樂金文化)

投資信託的主要種類

投資對象	國內	國外
股市	國內股市	國外股市
債券	國內債券	國外債券
REIT(不動產投資信託)	國內REIT	國外REIT
其他	黃金、原油等,上述以外的商品	

也有分散投資多個資產的「平衡型商品」

出處:《致富原子習慣》

營運績效依市場環境不同變動，投資信託有優點也有缺點。

◆**投資信託的優點**
・有時賺錢，有時虧錢。
・由於商品數量較多，選擇相當困難。
・無法在短時間內賺取很大的利潤。
・無法配合價格變動的時機買賣。
・由於是由基金經理人負責操作，手續費比自己操作高。

主要手續費

・購入時的手續費（各金融機構不同）

……購買商品時的手續費。有些商品購買時無須支付手續費，稱為「無銷售費用基金」（No-Load Fund）。一般來說，臨櫃處理的金融機構銷售手續費較高，網路證券的手續費較低。

・信託報酬（各家金融機構的金額相同）

……持有商品的手續費（管理、操作的費用），各商品差異很大。

・信託財產保留額（各家金融機構的金額相同）

……解約手續費，有些商品無須支付。

長期投資的持有手續費較高（信託報酬），吃掉了賺取利益。若想多留下一些錢，一定要「盡可能降低手續費」。

1 「指數型基金」勝過「主動型基金」

根據不同的操作方針,投資信託分成「指數型基金」與「主動型基金」。

●指數型基金……指數型基金＝Index Fund。與特定指數如日經平均指數、TOPIX（東證股價指數）、紐約道瓊、S&P 500（後兩者為美國代表性股價指數）等連動的投資信託。通常與連動的股價指數,以相同比例組合同樣標的。由於價格變動趨勢接近特定指數,可創造媲美市場的操作成績。亦稱為「被動型基金＝Passive Fund」（關於指數請參照第九名的詳細說明）。

●主動型基金……主動型基金＝Active Fund。由基金經理人獨自挑選標的構成的投資信託,可創造超過股價指數（市場平均）的操作成績。

●股價指數……呈現整體股票價格動向的指數。例如「日經平均指數」是從代表日本的兩百二十五檔股票計算出的股價指數。S&P 500則是從代表美國的五百檔上市股票計算股價指數。

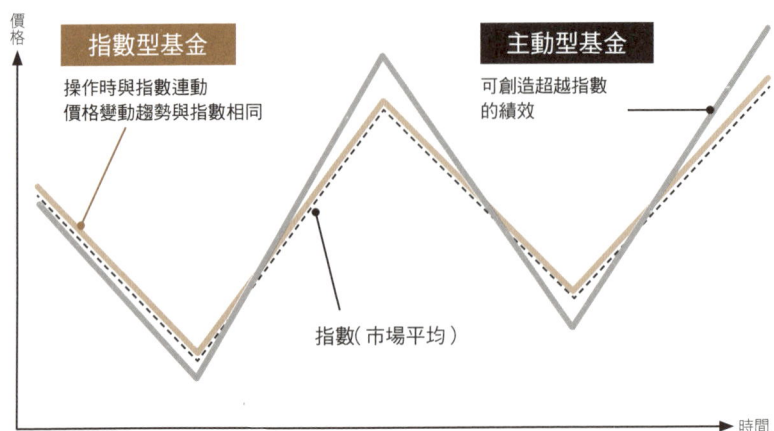

　　指數型基金與主動型基金各有特色，沒有「誰比誰好」的問題。

　　不過，一百本書中，多數作者認為**「投資新手較適合指數型基金」**。

　　擔任IT企業董事的二刀流藝人厚切傑森也投資指數型基金。
　　「說得具體一點，我的投資方法是『**持續投資整體市場指數型基金**』，完全不買個別股票，只買投資信託。（略）
　　我認為就連投資專家都無法解讀市場，外行人怎麼可能賺到錢？因此只買指數型基金絕對沒錯。」（《傑森流金錢增加法》／PIA）

◆投資新手適合指數型基金的理由
・**手續費比主動型基金便宜**（主動型基金是由基金經理人操盤，因此手續費比指數型基金高）。

- 由於變動趨勢近似日經平均指數與TOPIX等特定指數，因此很容易掌握價格波動。
- 只購買一檔金融商品就能分散投資。若是與日經平均指數連動的指數型基金，就有機會創造與分散投資兩百二十五家日本主要企業相同的效果。

　　主動型基金可以期待超過市場平均的投資績效，但有些作者認為「最終績效無法超過市場平均」、「六成的主動型基金低於指數型基金」。此外，主動型基金無法勝過指數型基金的原因包括「基金經理人的能力影響投資績效」、「資金運用成本（手續費）高於指數型基金」。

　　「不可諱言的，有些主動型基金長期操作出耀眼的績效。但大多數主動型基金的營運績效很差，根本無法超過市場平均。」（安德魯・O・史密斯《美國高中生學習的理財教科書》／SB Creative）

　　「主動型基金乍看很吸引人，但這類基金要花許多心力研究投資標的，因此手續費很高，長期來看，投資績效通常比不上指數型基金。」（林總《新版　正確的家庭財務管理》／SUMIRE書房）

　　四十三本書中，有些作者認為「應平均持有國內股市、美國股市、新興國家股市、全球股市等股票」，也有作者認為「應以五比五的比例，持有國內股市的指數型基金與海外股票的指數型基金」、「投資日本很難，投資美國較簡單」。

　　市面上有各種指數型基金，該以何種比例持有哪些指數型基金沒有正確答案。然而，四十三本書的作者大多提出以下主張：

・不要只買一檔,組合多檔指數型基金,可以分散風險。(例:國內股市的指數型基金與國外股市的指數型基金)
・「國外股市指數型基金」的報酬比「國內股市指數型基金」高,世界經濟持續成長,美國股票的表現更是亮眼,十分吸引人。
(推薦美國股市的理由請參閱第二十八名的說明)

2 想自己決定買賣時機就選「ETF」

　　ETF也是投資信託的一種。和指數型基金一樣,ETF與日經平均指數和S&P 500等特定指數連動。但ETF在證券交易所上市交易,在日本稱為「上市型投資信託」,在台灣稱為「指數股票型基金」,這一點則與一般的投資信託不同。

●ETF……上市型投資信託。和其他股票一樣,在證券交易所買賣的投資信託。

　　　　E/Exchange(可在證券交易所)

　　　　T/Traded(交易的)

　　　　F/Funds(投資信託)

●上市……由證券交易所審查,核可後可在證券交易所買賣的資格。

　　一般的投資信託與ETF的主要差異為以下三點:

（1）販售公司不同

以國內ETF為例，可在任一家證券公司買進同一檔ETF（國外ETF只能在特定證券公司買賣）。

另一方面，證券公司、銀行、郵局接可買賣一般的投資信託，但每家金融機構販售的商品不同。

（2）交易方式不同

和投資股票一樣，ETF的交易價格隨時都會變動。只要是證券交易所的交易時間，就能看到即時價格，鎖定「自己想買的價格」，一天的交易次數不限。

另一方面，一般的投資信託則是以每天計算一次的「基準價格（投資信託的價格）」買賣。由於基準價格會在下單的隔天（營業日）公布，因此今天買進時並不知道自己買了多少錢。而且，每個營業日只能買一次。

（3）手續費不同

與一般的投資信託相較，ETF的購買手續費和信託報酬（持有期間的手續費）比較便宜。

無論是「想自己決定買賣時機，從價格變動中獲利」，或「想節省手續費」的人，選擇ETF較有利。（唯一要注意的是，自己買賣的風險較高。）

3 不要選「月配息基金」

投資信託有兩種,分別是每月一次或每年一次的「定期配息型」。以及自動將收益再投資,只有解約或賣出才配息的「不配息型」。

> ●配息……透過投資信託的操作而獲取的利益,在固定期間支付給投資人的配息機制。相當於股票的股利。

每月配息型是每個月決算一次,每個月支付利息的投資信託。好處是「每個月有定期收入」、「可以貼補年金收入」,但也有壞處。

◆月配息基金的壞處

- **受到操作狀況影響,每次配息金額不同,也可能不配息**(有些商品會在虧損時從本金支付利息)。
- **通常手續費較高。**
- **難以發揮複利效果**(將投資收益再投資,用利益滾出更多利益的效果。請參閱第十一名的說明)。
- **每月支付的利息都要扣稅。**
- **不利於形成長期資產。**

多數理財書作者認為「銀髮族適合月配型基金」、「希望透過長期投資累積鉅額資產的年輕族群,選擇不每月配息的投資信託較為合理」。

Column 1

「股份有限公司」的運作機制

　　「股份有限公司」是發行股票募集資金，利用資金維持營運的公司。

> ●股票……為了從其他公司或個人募資而發行的證券（股票）。如今股票已電子化，不發行紙本證券。與向金融機構借錢不同，發行股票無須還錢。

　　若（自己想買的）股票在證券交易所（公開）上市，投資人可透過證券公司購買。

　　日本有東京證券交易所（東證）、名古屋證券交易所（名證）、福岡證券交易所（福證）、札幌證券交易所（札證）等四個證券交易所，各自有股票市場。

　　可在證券交易所買賣的股票稱為「上市股票」，未上市的股票稱為「未上市股票」、「報備股票」。

　　日本中小企業的股票幾乎都是「未上市股票」與「報備股票」。「未上市股票」與「報備股票」無法在證券交易所買賣，但買賣雙方可以直接交易。

※編註：台灣主要分成三類，上市公司於證券交易所，上櫃公司於證券櫃檯買賣中心，興櫃公司於證券商營業處所進行交易。

買進股票的流程

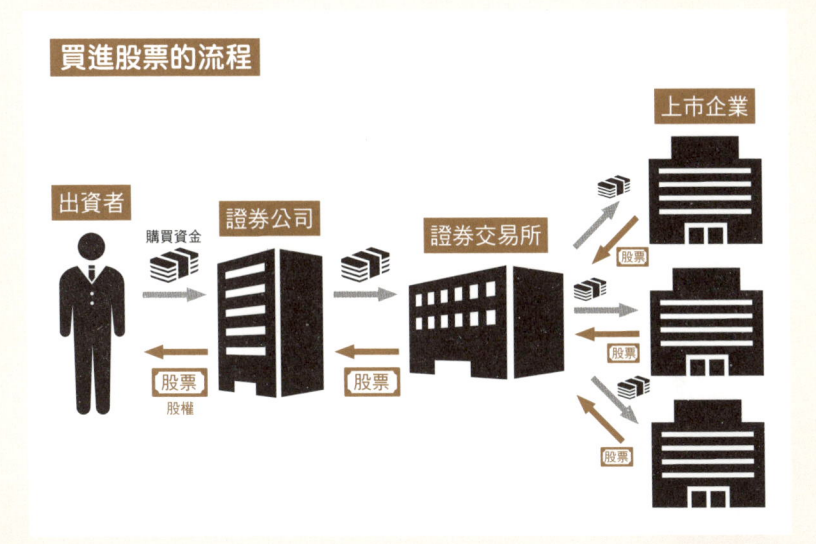

出資人（購買股票的人）成為「股東」，股東有以下權利：
- 參加股東大會，決定重大議程。
- 收受配息（企業分配給股東的收益）和股東優惠等利益。
- 公司解散時，有權分配公司剩餘資產。

但若公司倒閉，付出的資金只能拿回極小部分。

各企業發行的每股股權價格稱為「股價」。現在的股價乘已發行股數，即為「總市值」。總市值愈大的企業，企業價值愈高，對於未來發展的期待度也愈高。

總市值＝股價×已發行股數

股價並非固定價格，經常變動。股價取決於「想買股票的人」

和「想賣股票的人」之供需關係。

由於市場上流通的股數有限，「想買股票的人」愈多，股價就愈高。

用拍賣或競標來比喻，相信各位較容易理解。

受歡迎的股票＝股價高漲

・公司業績節節高升

⬇

・「想買」該公司股票的人增加（原因是持有該公司股票可以獲得配息，將來可以高價賣出）

⬇

・股價上漲

◆投資人想買進或賣出股票的原因

・**公司業績的好壞**
・**景氣好壞**
・**業界景氣好壞**
・**利率變動**
・**世界情勢變化**
・**匯率變動……**

「股票是企業所有權的證書。假設有家企業發行了一億股，而你買進一百股該公司股票，你就擁有該公司百萬分之一。」（略）

當很多人開始注意到該公司的未來性，紛紛下單買進，就會推升股價。相反的，若股東不看好公司的未來發展，就會出手賣股票。」（亞歷山大・艾爾德《新操作生涯不是夢》／寰宇）

投資收益包括「股利收入」和「資本利得」。

股利收入指的是「持有資產就能持續獲得收益」。包括股息和不動產的房租收入等（關於配息請參照第二十四名的詳細說明）。

資本利得意指賣掉持有資產就能獲得的利益。包括不動產和股價上漲的利益。

以投資股票為例，在「股價下跌時」買進，在「股價上漲時」賣出，就能賺取利差。

No.3 立刻減少常見的「無謂支出」

Point
1. 大致掌握「哪些項目支出多少」
2. 從檢視固定支出做起
3. 不買「想要的東西」,只買「需要的物品」
4. 先扣除儲蓄和投資的錢

　　第三名是「立刻減少常見的『無謂支出』」。支出就是「支付金錢」,一百本書中,多數作者認為**「減少無謂支出是存錢的必備條件」**。

◆專家建議調整支出的原因

- 任何人都能減少無謂支出。
- 減少支出比增加收入容易。
- 「賺錢」需要時間,「不花錢且存下來」立刻就有錢。
- 我們無法控制市場與行情,卻能靠自己的力量省錢。
- **降低固定費用**(居住費用、水電瓦斯費、保險費、電話網路費、定額服務費等),**就能持續減少支出。**
- 將省下來的錢拿去投資,就能增加資產。

「無論存下多少錢,我都不會花錢享受。

即使後來薪水增加,也只將兩成收入用於生活費,剩下的八成全部拿去儲蓄和投資。

絕不浪費賺來的錢。」(泉正人《金錢的重要故事》／WAVE出版)

「過自己負擔得起的生活,聰明花錢,一定要固定存錢。(略)

務必好好儲蓄,成為盡可能降低支出的成年人。而且只能在收入範圍內生活。」(大衛・比安奇《父親教導13歲兒子的金融入門課》／日本經濟新聞出版)

1 大致掌握「哪些項目支出多少」

百本名著多數的作者指出「存不了錢的人通常花錢無度」、「存不了錢的人不清楚自己目前的收支狀況」。

想增加存款,一定要徹底管理收入與支出。

公認會計士林總在著作中,強調掌握家計現況的重要性。

「許多家庭不是對自己的收入、支出和存款抱持錯誤認知,就是完全搞不清楚狀況。(略)

一切皆概算了事,看不清家計的真實狀況,是很恐怖的事情。我認為不了解實際狀況比收入少還可怕。」(《新版 正確的家庭財務管理》／SUMIRE書房)

理財規劃師泉美智子也表示:「收入對累積資產來說確實很重要,但家計支出才是最應該檢視的『關鍵』。不清楚自己的存款算多還是少的人,請先從自己的家計收支掌握儲蓄和投資的款項。」

(《如今早已問不出口的投資基本觀念》／朝日新聞出版)

多數作者建議使用家計簿,掌握自己的用錢明細。

統整百本名著介紹的「長期記錄家計簿的祕訣」如下:

◆長期記錄家計簿的祕訣

- 家計簿有很多種,包括手寫、計算表軟體、手機應用程式等,不妨多加嘗試,找到適合自己的家計簿。
- 餐費和日用品等支出項目,無須一開始就分得很清楚,若支出項目太多,反而讓人不知該如何記錄。一開始先減少項目,等習慣之後再慢慢增加。
- 在固定時間記錄家計簿,就容易養成習慣。
- 記錄家計簿的目的是掌握「哪些錢用在哪裡」,無須在意一塊錢的誤差。

若覺得寫家計簿很麻煩,收集收據和發票也能掌握自己的花費習慣。

舉例來說,Rheos Capital Works的董事長兼社長與最高投資負責人藤野英人表示:「利用筆記本或其他載體記錄雖然也可以,不過太過費事,收集收據和發票是最快也最簡單的方法。」(《投資家有比「金錢」更重要的事》／星海社)並提出以下方法:

- 所有購物（消費活動）都要拿收據或發票，為期一個月。
  ↓
- 準備一個大塑膠袋，回家後將當天的收據或發票丟進去。
  ↓
- 持續一個月後，一次檢視積存的收據或發票（若一個月太長，一週也可以）。

　漫畫家ODUMARIKO認為「家計簿難度有點高，但recording很簡單」（《年薪200萬的一人富裕生活》／KADOKAWA），於是開始recording支出。recording支出就是「記錄支出」，持續半年可以改變用錢方法。

- 購物一定要拿收據或發票。
  ↓
- 利用一天一頁的行事曆，記下每天在哪家店花多少錢。
  ↓
- 利用具體文字讓自己看見過去忽略的浪費金錢行為。

　只要檢視收據或發票（包括信用卡消費明細），就能達到以下效果：
- **了解自己改不掉衝動購物的原因。**
- **具體化自己的支出習慣，掌握金錢的花費項目。**

2 從檢視固定支出做起

支出分成「固定支出」和「變動支出」。

● 固定支出……每個月固定支出的費用。例如居住費用（房租、房貸）、水電瓦斯費、通訊網路費（手機費、每月定額服務費）、教育費等。

● 變動支出……每個月支出金額皆不同的費用。例如伙食費、醫療費、日用品費、交通費、治裝費等。

區分固定支出與變動支出，檢視支出

固定支出	變動支出
每月固定支出的費用	每月支出金額皆不同的費用
・居住費用（房租、房貸） ・水電瓦斯費 ・通訊網路費（手機費、每月定額服務費） ・教育費……	・伙食費 ・醫療費 ・日用品費 ・交通費 ・治裝費……

調整家計首先要做的是**「降低固定支出」**，只要減少每個月的支出額，就能長期發揮「省錢效果」。

「固定支出是每個月都要付的錢,若能降低金額,就能帶來穩定的生活。相反的,只要固定支出維持高水位,你的錢永遠都會遭到剝奪。」(橫山光昭《年薪200萬起的存錢生活宣言》／Discover 21)

調整固定支出的經典範例

★居住費用
- 搬到房租較便宜的地方,最理想的狀態是房租不可超過收入的三成。
- 利用提前還款和轉貸降低房貸壓力。

★水電瓦斯費
- 檢視合約內容與簽約公司。
- 選擇電力和瓦斯合併的優惠方案。
- 減少電力、自來水和瓦斯的使用量。
- 改用省能源家電等。

★通訊網路費
- 改用較便宜的方案和優惠手機(優惠SIM卡)。
- 同時申請手機和網路的優惠方案。
- 解除訂閱後一直沒使用的服務(定額服務項目)等。

★保險費
- 配合人生階段,調整保障內容。
- 若投保多份保險,確認保障內容是否重複等。

★車
- 檢視汽車保險(確認是否有不需要的補償或特約)。

- 通盤檢討自己的現狀,確認是否該選用短租車、長租車或共享汽車等服務。
- 選用便宜的停車費。
- 選擇稅金、保險費較便宜以及省油的車種等。

★教育費
- 不隨便學習才藝(不隨便讓小孩學才藝)。
- 善用網路課程和IT工具,可以省下上補習班或才藝教室的費用。

3 不買「想要的東西」,只買「需要的物品」

　　降低變動支出的重點是區分「想要的東西」和「需要的物品」,**「優先把錢花在需要的東西**(想要的東西之後再說)**」**。「需要的物品」不多,但「想要的東西」無窮,若一味購買想要的東西,有多少錢都不夠花。

　　「需要的物品指的是生活上不可或缺的必需品,想要的東西則是沒有也不會影響生活的用品。大多數人都誤以為想要的東西是必需品。(略)

　　若遇到自己想要的東西,不妨等一週。若還是想要,就再等一週。若依舊想要,就可以買。」(本田健《猶太富豪的教導》／大和書房)

「什麼是需要的物品（需求／Needs）？什麼是想要的東西（欲望／Wants）？仔細思考，區分兩者十分重要。分得清『需求』和『欲望』才能享受聰明的消費生活。」（黑田尚子《會存錢的人，為什麼房間都很乾淨？》／日本經濟新聞出版）

精選理財書推薦的「降低變動支出祕訣」如下：

★降低變動支出的祕訣
・減少無意義的聚餐與外食。
・沒必要就不去便利超商。
・減少購物次數，趁便宜時一次購足食材。
・利用圖書館。
・自己帶便當和飲料。
・購買日用品時，選擇有會員優惠的店家。
・善用二手店和跳蚤市場手機應用程式。
・尋找不花錢的興趣和娛樂。
・不加入健身房會員，利用公眾運動中心。
・等到打折才買等。

4 先扣除儲蓄和投資的錢

帕金森定律（Parkinson's law）闡述「支出額度會一直膨脹到用完收入額度為止」的概念。人類也是一樣的，只要有錢就會想辦法把手中的錢花光。由於這個緣故，若認為「有多餘的錢才儲蓄或投資」，不僅會使每個月的存款（投資資金）不穩定，支出較多的月份還可能沒錢儲蓄或投資。

為了避免這個問題,**「先扣除儲蓄和投資的錢,利用剩下的錢生活」**,才能增加自己的財富。

> **拿到收入就先扣除儲蓄和投資的錢**
>
> ×「收入額－支出額(生活費)＝儲蓄額(投資額)」
> ○「收入額－儲蓄額(投資額)＝支出額(生活費)」

「有些人認為先用入帳的薪水生活一個月後,再拿剩下的錢投資。

這個想法最後絕對會失敗。(略)

拿到薪水後,應先扣除投資資金。」(長期股市投資《每月入帳18.5萬被動收入的「高配息」股票投資》╱KADOKAWA)

「先扣除儲蓄的方法可用『pay yourself first(先支付自己)』來形容,意思是儲蓄是為了自己。一開始就當儲蓄的錢不存在,是戰勝花錢欲望最簡單的方法。」(安德魯‧O‧史密斯《美國高中生學習的理財教科書》╱SB Creative)

No.4 事先決定「賣點」

> **Point**
> 1 停損要及早
> 2 透過「重整投資組合」降低風險

第四名是「事先決定『賣點』」。

多數理財書作者指出**「投資時『賣出』比『買進』難」**。

原因在於多數人認為「再等一下就會賺」、「再等一下就能減少損失」，於是一直拖著不賣，反而拖累投資績效（擴大損失）。

「若早點賣就不會虧這麼多⋯⋯」

「如果不賣就能賺更多⋯⋯」

為了避免後悔，一定要事先決定賣點，建立自己的標準與原則。

◆常見的賣點

・達成目標金額。
・遇到人生重要大事，需要一筆錢時。
（結婚、生子、孩子入學、照顧父母和自己、轉職、辭職等）
・持有標的的風險過大時。
・無法期待長期上漲時。
・找到其他投報率更大的標的時。

・**資產重組**（重整投資組合）**時**。
(重整投資組合指的是重新調整投資比例。請參閱第59頁說明)

◆賣出金融商品的方法

賣出方法包括「一次賣出（部分賣出）」和「定期賣出」。

（1）一次賣出（部分賣出）

將持有資產一次賣掉的方法，**適用於「一次賣出可獲得目標金額」與「需要一筆錢」的時候**。不過，若是在大跌時一次賣出，獲利就會減少。

若不想一次賣光，也可以「賣出一部分」。

（2）定期賣出

定期調節持有資產的方法，剩下的資產會繼續投資，可延長資產壽命。

若定期出脫少數資產，可產生時間分散效果（請參閱第20頁說明），避免「所有資產賣在低點」。適用於每個月需要一筆錢生活，度過退休時光的人。

1 停損要及早

當價格低於購買價，出現虧損時，應及早「停損」，購買不同的金融商品（標的），才有機會獲利。

> ●停損……股票價格低於購買價時賣掉，確定虧損。

多數理財書作者提及停損的重要性。**停損雖然造成小小損失，卻能避免「大額虧損」**。

「股市新手無法停損，很容易失敗。

明明獲利了結很明快，卻遲遲無法停損，一心等待價格反彈至購買價。這是因為投資者不想面對股票虧損的事實。（略）

『不想虧損、不承認虧錢』是人之常情，但這種情緒會讓人在股票行情中摔倒。」（cis《主力的思維》／樂金文化）

「下單時未設定停損點無異於賭博，若想在操作中追求刺激，不妨去真正的賭場。（略）

停損是在投資中長期倖存與成功的必備條件。」（亞歷山大・艾爾德《新操作生涯不是夢》／寰宇）

將損失降至最低

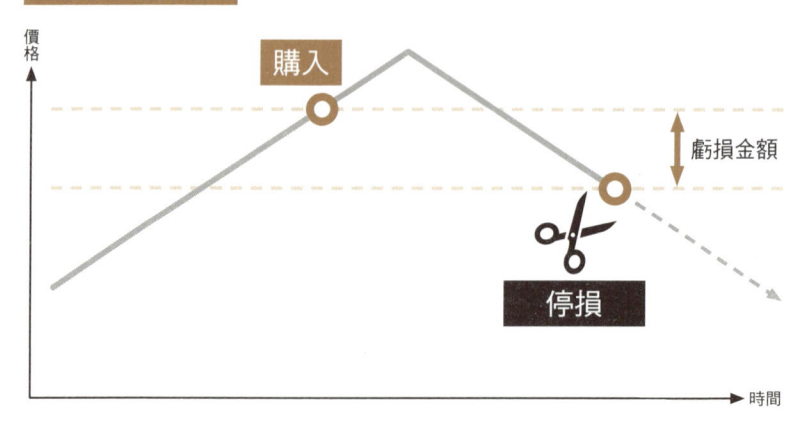

◆停損的主要優點

（1）可阻止損失擴大（將損失降至最低）

　　日本有句投資格言是「放棄千兩」，意思是「趁著損失較小時放棄，價值千兩」。若一心期待價格反彈而拖著不賣，很可能擴大損失。

　　「重點在於及早停損，你的小小損失，可以避免重大虧損。」
（馬克思‧岡瑟《蘇黎士投機定律》／寰宇）

　　「即使認為『既然業績不差，遲早會反彈』，仍應該在此時停損才是上策。」（遠藤洋《我用3萬月薪，只買雪球小型股，狠賺3000萬！》／境好出版）

　　假設在股價一千日圓時買了一百股（購入金額十萬日圓），在跌至九百日圓時賣掉（九萬日圓時賣出），確定損失一萬日圓，虧損額度不會擴大。

（2）用賣掉的錢展開新的投資

　　基於賣掉就確定虧損的理由，持續持有不會上漲的投資商品，這種行為在投資界稱為「套牢」（請參閱第十名的說明）。

　　及早放棄不會上漲的商品，轉換下一個投資標的，有可能彌補虧損。

　　絕對不可堅持「這檔商品不會再下跌」的天真幻想。最重要的是及早停損，避免套牢。

「這世上沒有股價下跌就不會再創新低的道理。」（彼得‧林區《彼得林區：征服股海》／財信出版）

一般來說，停損的標準是「買進後下跌百分之五到十」，但這只是參考基準。重點如下：
「停損時機因投資標的和投資期間而異。」
「每個人可以承受的風險範圍不同。」
「每個人的投資目的不同。」
因此，停損時機沒有一定的標準。**請務必「建立適合自己的停損標準」**。

假設購買指數型基金或ETF，進行長期的分散投資，而且不急著收回資金，也可以「不停損，繼續投資」。

然而，若不打算進行長期的分散投資，只投資特定業種、特定國家或特定企業，晚一步停損就會虧得更多。

「事先訂定投資原則，釐清自己投資的目的，只要偏離目的就賣掉。」（Tapazou《累積財富　超簡單美股投資術》／KADOKAWA）

「確定自己的投資風格，選好想買的標的，也要建立買進後的策略。例如股價漲到多少就獲利了結，股價跌至多少就停損，是先思考因應對策。

建立上述策略，就不會錯過買點與賣點。」（安恒理《最簡單！投資股票入門書　改訂三版》／高橋書店）

② 透過「重整投資組合」降低風險

分散投資時，金融商品的價格變動有時會隨著時間過去，打亂最初的資產分配。

將打亂的資產分配恢復到最初的比例，此過程稱為「重整投資組合」。

> ◉重整投資組合……因行情波動改變最初的資產配置（資產比率）比例時，藉由買賣部分持有資產的方式，恢復最初的比例。此舉有助於降低風險，維持穩定的投報率。

假設以一百萬日圓的資金，購入高報酬高風險的A商品五十萬日圓，以及低報酬低風險的B商品五十萬日圓。此時的投資比例為A商品：B商品＝50%：50%。

幾年後，A商品上漲至七十萬日圓，B商品下跌至三十萬日圓，此時的投資比例為A商品：B商品＝70%：30%。

簡單來說，**A商品的比例過高，比最初購買時的風險更大**。在此情況下，就應重整投資組合，恢復原有比例。

重整投資組合的方法

- 不追加資金，在現有投資資產範圍內重整

  賣掉部分A商品，以這筆錢加購B商品，恢復「50%：50%」的資產配置。

- 追加新資金

  若資金充裕，可以不賣掉A商品，以新資金加購B商品，恢復「50%：50%」的資產配置。

固定每半年或一年重整投資組合，效果最好。日本證券業協會建議：**「私人一年重整一次，當成盤點整體家計的一環。」**（參照：日本證券業協會官網）

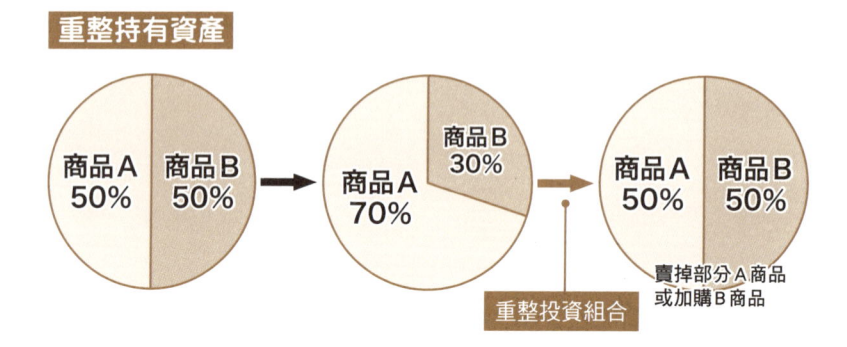

重整持有資產

商品A 50%　商品B 50% → 商品A 70%　商品B 30%（重整投資組合）→ 商品A 50%　商品B 50%（賣掉部分A商品或加購B商品）

「資產比例失衡卻不調整，會在不知不覺間承擔過多風險。（略）

　以自己決定好的資產比例為基準，賣掉資產中比例太高的指數型基金，買進資產中比例太低的指數型基金。」（水瀨KEIICHI《財富愈醒愈多》／FOREST出版）

No.5 不過度害怕也不過度承擔「風險」

> **Point**
> 1 思考「自己的風險承受度」
> 2 絕對不能將生活費拿去投資
> 3 世上沒有「不勞而獲」的事

第五名是「不過度害怕也不過度承擔『風險』」。

投資一定有風險。在日常生活中，風險指的是「危險、危機」、「發生壞事的可能性」，但在投資的世界裡，風險隱藏著**「無法預測」**之意。

> ●風險……結果不確定（結果可能出乎意料）。「價格變動幅度（行情波動）」。

先前解說第一名時已經提及，不確定的可能性愈大（價格變動幅度愈大），風險愈大（高）；不確定的可能性愈小（價格變動幅度愈小），風險愈小（低）。風險大意味著**「可能造成巨大損失，但也可能創造龐大利益**（報酬）」。

> ●報酬……運用資產獲取利益。

> **風險與報酬**
> - 風險大（價格變動幅度大）
>   有機會獲取鉅額報酬，但也可能造成嚴重虧損。
> - 風險小（價格變動幅度小）
>   獲取大報酬的機率不高，但損失也較小。

「風險高，報酬也高；風險低，報酬也低。重要的是以長遠眼光看待報酬，思考長期投資帶來的利益。」（安德魯・O・史密斯《美國高中生學習的理財教科書》／SB Creative）

風險有許多種：

◆主要風險

（1）價格變動風險

金融商品的價格變動影響投資資產的價值。賣出商品時，收回的金額可能高出之前支付的金額，但也可能比較低。

（2）信用風險

當債券與股票的發行商（企業或國家）陷入財政困難或經營不振，股票價值可能歸零，也可能付不出債券的本金和利息。

（3）匯率變動風險

投資非日圓金融商品時，資產價值受到匯率行情影響產生變動（關於匯率請參照第二十五名的詳細說明）。若日圓匯率比購買時低，回收金額就會變多（匯差）；若日圓匯率走高，資產價值就會縮水（匯損）。

(4) 利率變動風險

利率受到景氣和經濟狀況等影響產生變動，資產價值也會跟著變動。尤其是債券受利率變動的影響最大，「利率上升，債券價格就會降低」。相反的，當利率下降，債券價格就會上漲（關於利率請參照第十一名的詳細說明）。

(5) 流動性風險

流動性指的是買賣的難易度。受到市場規模、交易量少等因素影響，可能遇到「想賣卻因為沒需求而賣不掉」、「想賣但賣掉可能虧損」、「想買卻因為沒供給而買不到」等情形。

(6) 國家風險

當投資國家的政治狀況、經濟狀況與內部情勢不穩定，就會影響資產價值。國債更是容易受到國家風險影響。

一百本名著中，有作者將風險比喻成鐘擺。

- 「鐘擺輕輕擺動＝風險小」
- 「鐘擺大幅擺動＝風險大」

鐘擺不會只往右邊擺動，也不會只往左邊擺動，而是左右擺動。投資也是同樣的道理，報酬和風險是一體兩面。

報酬和風險是一體兩面

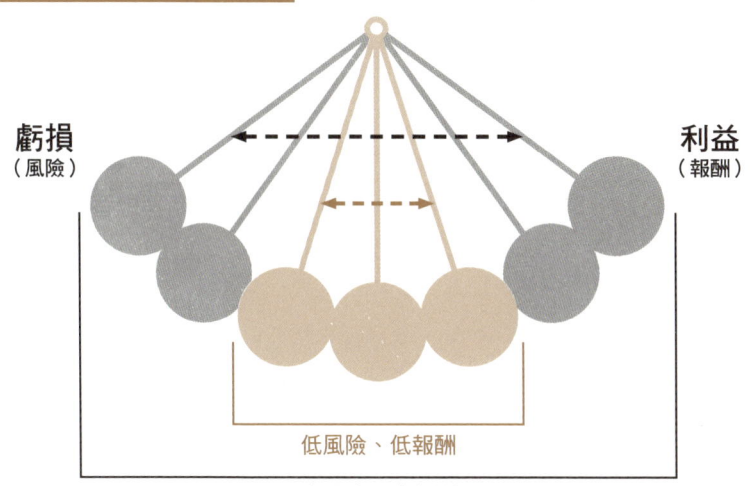

虧損
（風險）

利益
（報酬）

低風險、低報酬

高風險、高報酬

投資結果可能獲利，也可能虧損。但在**投資的世界裡，不存在「無風險**（低風險）**高報酬」**的金融商品。

「如今沒有不承受風險就能累積財富的方法。（略）

若執著於『不承受絲毫風險』的觀念，就會失去聰明的投資機會。」（喬治‧山繆‧克拉森《巴比倫致富聖經》／三采）

1 思考「自己的風險承受度」

理財規劃師中桐啟貴在著作中，提及從風險角度思考投資，不要從報酬角度思考投資的重要性。

「只從報酬角度思考的人都是門外漢，專家總是從風險角度切入，思考如何從風險創造最大報酬。（略）

如何讓自己承受的風險創造最大報酬？答案是有效率地分配資產，能做到這一點最好的方法就是分散投資。」（《日本第一簡單的「投資」與「理財」書》／CrossMedia Publishing）

風險與報酬互為表裡，想獲取報酬就必須承受風險。但並非「單純地承受風險即可」，也要避免承受過大風險（第一名解說的「分散投資」與第四名介紹的「停損」，皆介紹了降低風險的方法）。

全球累積銷售兩百萬本的暢銷書《致富心態：關於財富、貪婪與幸福的20堂理財課》（天下文化），作者摩根・豪瑟在書中表示：「我的意見是擁抱風險，隨著時間過去，風險會帶來利益。」接著又寫道：
「不過，風險也會使人身敗名裂，一定要謹慎小心。若遭遇讓自己無法振作的嚴重虧損，就無法承受可獲取長期利益的風險。」

如何才能避免讓自己無法振作的嚴重虧損？事先了解自己的「風險承受度」相當重要。

● 風險承受度……「可以承受（容許）多少損失」的程度。

若運用資產超過風險承受度，下跌時會讓人惶惶不安，甚至導致影響日常生活的巨大虧損。

理財規劃師泉美智子認為：「清楚自己的風險承受度，才能享受投資。」

「從『資金面』和『心理面』判斷自己的風險承受度。資金面指的是虧損多少錢仍不影響日常生活，心理面則是內心可以承受虧損多少的壓力。」（《如今早已問不出口的投資基本觀念》／朝日新聞出版）

依照風險承受度進行投資

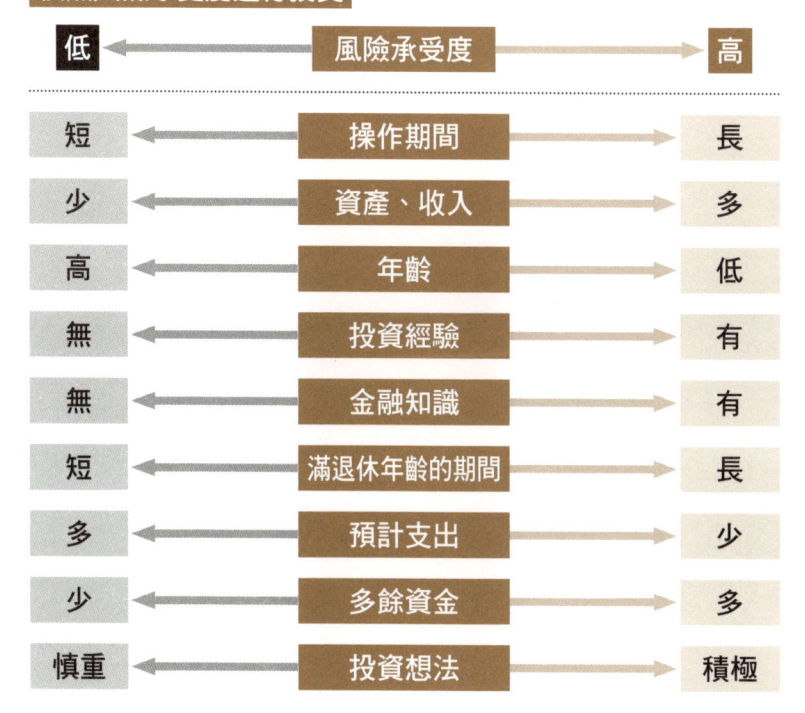

低 ←	風險承受度	→ 高
短	操作期間	長
少	資產、收入	多
高	年齡	低
無	投資經驗	有
無	金融知識	有
短	滿退休年齡的期間	長
多	預計支出	少
少	多餘資金	多
慎重	投資想法	積極

每個人的年齡、家族構成、投資經驗、年薪、資產額度與個性，決定了自己的風險承受度（有些金融機構官網提供風險承受度診斷服務）。

了解自己可以承受多少風險，配合自己的風險承受度選擇金融商品，這一點很重要。

2 絕對不能將生活費拿去投資

每檔金融商品的風險和報酬皆不同,無論各位選擇何種商品,一定要謹記以下基本原則:

「**用多餘資金**(剩餘資金)**投資。**」
「**不拿生活費投資。**」

● **多餘資金**(剩餘資金)……目前不打算用的錢。從手邊資產扣除生活費和緊急預備金(因應不時之需的錢)的資金。

以多餘資金投資運用

生活費	緊急預備金	多餘資金
¥	¥¥¥ ¥¥¥ 上班族……3～6個月的生活費 自雇者……1年的生活費	¥¥ 可投資理財的資金

多數理財書作者認為「不可挪用生活所需的費用」、「一定要準備因應不時之需的錢」、「投資原本就該用多餘資金」。

「為了因應意料之外的醫療費用，或度過短暫的失業期，每個家庭都該準備一筆現金，以安全且方便取用的方式儲備。」（墨基爾《漫步華爾街：超越股市漲跌的成功投資策略》／天下文化）

將生活費拿去投資，若遭遇嚴重虧損就無法維持現有的生活水準。然而，若使用多餘資金投資，就算虧損也不必顛覆原有生活。投資請務必使用多餘資金。

3 世上沒有「不勞而獲」的事

由於風險與報酬成正比，基本上不可能在不承受風險的情況下，賺取報酬。
投資的世界沒有「不勞而獲」。
「每個月領取一成的分紅。」
「這支股票快要上市，一定會賺，保證不會損及本金。」
「如果你有A公司股票，我願高價收購。」
千萬不可相信以上這些「輕鬆賺錢」的話術。

「我也看過『保障本金且報酬可觀』之類的廣告，但這是不可能的事。雖然只是我的感覺，但保證每年的收益率百分之三以上的金融商品，不是**巧妙地把風險藏起來**，就是**詐欺**。」（cis《主力的思維》／樂金文化）

> ●收益率⋯⋯相對於本金的整體利益比率。顯示出在一定期間內可獲得多少利益（請參閱第十一名的說明）。

　　好好學習投資商品才不會被騙。

　　漫畫家兼插畫師宇田廣江在《第一次有人這樣教我理財：從今天開始，我不再缺錢》（大田出版）建議：「絕對不能因為別人說好而投資，聽別人說一定會賺而買進奇怪商品。輕信他人推薦的商品，自己卻不做功課，糊裡糊塗地投資是最不可取的行為。」

　　人稱「傳奇大富豪」的本多靜六也認為人絕對不可「貪婪」。

　　「正因為人的欲望無窮，明知不可能有這麼好的事，卻很容易輕信。其實只要冷靜思考就知道是一場騙局，存了一筆小錢就會萌生世俗常說的貪婪欲望，一不留神就會上當。」（《我的庶民養錢術》／大牌出版）

Column 2

投資與投機、賭博是同一件事嗎？

從沒有資產（現金、有價證券、不動產等財產）的狀態增加財富的過程稱為「資產形成」。

「資產形成」主要有兩大方法：

「儲蓄」與「投資」。

●儲蓄……儲備金錢。銀行存款即為一例。雖然銀行存款無法大幅增加財富，但可以保障本金，穩定累積資產。需要時方便提領，流動性高。

●投資……將資金投入可望獲利，前景看好的投資標的。一般意指購買股票、投資信託、債券、外幣計價商品、不動產等。由於無法保障本金，需承擔虧損風險，但有機會賺取比儲蓄更龐大的利益。

「投機」乍聽之下與「投資」相近，儘管兩者沒有明顯差異，但通常以「時間長短」作為評斷標準，解釋如下：

> ● 投機……把握「機會（chance）」，以「短期」的價格波動為目標進行操作。
>
> ● 投資……尋求未來獲利，以獲得「長期」利益為目標。

全球讚譽為「投資名著」的暢銷書《漫步華爾街》（墨基爾／天下文化）寫道：「投機家買股票的目的是在兩三天，或兩三週之內大賺一筆。相對於此，投資家尋找並持有的是未來幾年，甚至幾十年都有穩定配息，或是價格持續上漲的股票。」

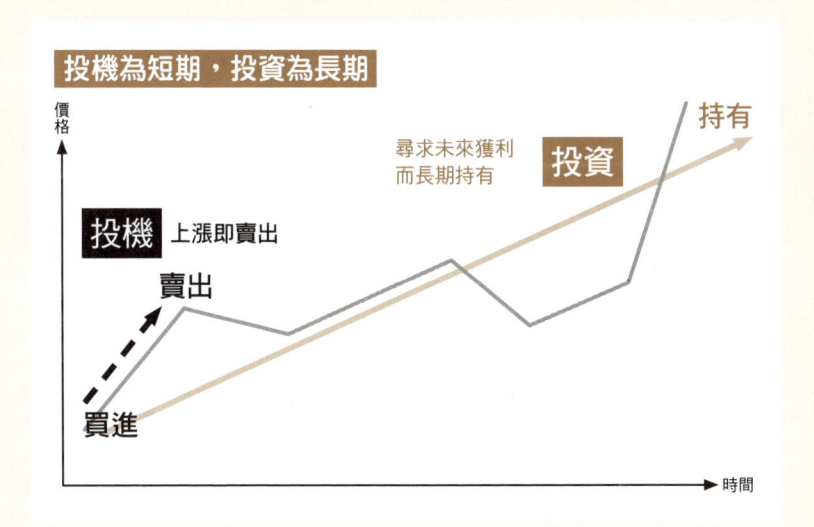

投機為短期，投資為長期

（圖：價格 vs 時間，投機──上漲即賣出；投資──尋求未來獲利而長期持有）

投資不保障本金。由於「可能虧損」，因此有人認為「投資像賭博」。然而，每一位理財書作者都指出**「投資與賭博不同」**。

投資與賭博的主要差異如下：

・目的不同

一般來說，賭博的目的是娛樂。但投資的目的是形成資產與貢獻社會（投資的公司所提供的服務或商品可讓社會更富裕充實）。

・獲利的人不同

參與賭博的人拿出來的錢，扣除莊家的營運成本與抽佣，剩下的錢分配給「贏家」。

以日本賽馬為例，主辦單位從勝馬投票券（馬券）的營業額，以事先訂定的比例（約百分之七十五）拿出部分的錢，支付給中獎者（剩下的百分之二十五則繳回國庫，維持日本中央競馬會的營運）。

以日本彩券為例，百分之四十六點二的彩金（請參考彩券官網）分配給中獎者。假設彩券的營業額為一百億日圓，分配給中獎者的彩金只有四十六億兩千萬日圓。就算這一百億都是同一個人買的，他也只能拿回四十六億兩千萬日圓，虧損五十三億八千萬日圓。

儘管比例不同，但無論是賽馬、競輪賽（自由車賭博項目）、柏青哥等賭博工具，參加者爭奪的都是比賭金總額還少的金錢。從參加者整體損益考量，損失絕對大於獲利（負和遊戲）。

若是投資，只要投資標的業績成長，所有出資者都能獲利（正和遊戲）。

投資沒有先扣除營運費用的莊家（主辦單位、營運者）。若是投資股票，企業將出資人給的錢投入發展事業，創造利益。獲利後再將利潤分給出資者（股東）。不可諱言的，市場行情與經濟狀況隨時變動，短期出現虧損也是可以預期的結果。

話說回來，比起一開始就先扣除營運費用，勝率極低的賭博，**「投資的獲利性比賭博還高」**。

投資與賭博差異示意圖

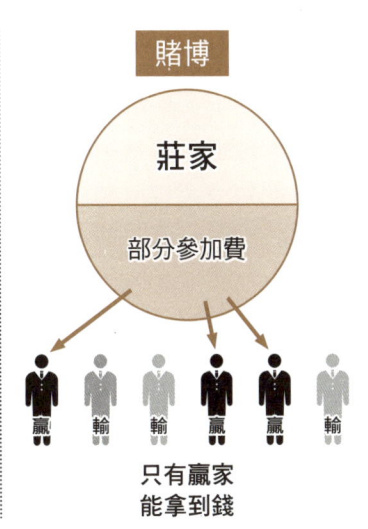

投資

企業 → 部分利益 → 所有出資者都能拿到錢

賭博

莊家 → 部分參加費 → 只有贏家能拿到錢

No.6 「自有住宅」的優缺點和房貸

Point
1. 了解買房與租房的優缺點
2. 購屋應考慮「轉售價值」
3. 建立做得到的「還款計畫」

第六名是「『自有住宅』的優缺點和房貸」。

根據日本「住宅金融支援機構」於二〇二三年三月發表的「房貸族實態調查」，針對房貸的商品特性和利息風險的理解度，申請「機動型」、「固定期間選擇型」（後述）的房貸族，有四到六成回答「稍微擔心自己不懂」與「完全不理解」。

此外，調查還問「若升息導致還款額度增加的狀況將如何因應」，約百分之二十的房貸族回答「不知該怎麼做、不知道」。

一級財務規劃技能士黑田尚子在著作中，對於了解房貸機制的必要性做出以下描述：

「申請房貸最重要的是不受金融市場變動影響，不要因為利率低就急著貸款，而是應了解房貸的基本機制，準備頭期款和自有資金，仔細思考未來的還款計畫。」（《會存錢的人，為什麼房間都很乾淨？》／日本經濟新聞出版）

1 了解買房與租房的優缺點

「買房與租房，何者比較划算？」這個問題的答案，取決於自己的生活型態（生涯規劃）。

包括物件的購入價格、房租、家族人數、房貸借貸額度、換屋頻率、搬家費用等，前提條件改變，結果也會不同，因此不能隨便斷定何者比較划算。

買屋還是租屋？統整理財書作者意見如下：

買屋還是租屋？作者的意見

- 在煩惱買屋還是租屋之前，一定要先釐清自己想要「什麼樣的房子」。
- 精準判斷物件的價值與價格，再決定是否購買。
- 不要因為「不想付房租」而決定購屋。
- 買房的缺點是若日後工作產生變動，無法立刻將房子賣掉或出租。
- 租房對年輕族群來說門檻較低。
- 若覺得「買屋後房價下跌也無所謂」，不妨購屋。
- 不在乎經濟上的損益，只想實現願望，擁有自己的家，不妨購屋。
- 買房是虧是賺，必須買了才知道。若真的很想買，那就買吧！
- 若沒有多餘資金，借房貸購屋一定要謹慎。
- 經常轉調工作地點的人、不想揹一大筆債務的人、想住在不同地方的人、收入不穩定的人適合租房。

「兩者都有優缺點,最終何者比較划算,必須經過時間洗禮才知道。價值觀的影響也不容小覷。

論選擇購屋或租屋,購買或搬家時都需要一筆錢,必須好好存錢才能擁有更多選擇。」（坂本綾子《如今早已問不出口的投資基本觀念》／朝日新聞出版）

「兩百倍法則」是判斷「買屋租屋何者划算」的基準之一。

具體內容是比較「物件的購入價格」與「租下該物件的房租」,**「若購屋價格低於房租的兩百倍,購屋比較划算」**。

知名理財學院Financial Academy代表泉正人也參與審訂的《第一次有人這樣教我理財:從今天開始,我不再缺錢》（宇田廣江／大田出版）介紹以下公式:

「預設房租×200倍以下＝不失敗的購屋價格」

假設你想買的公寓開價三千五百萬日圓。

附近區域「相同格局、相同屋齡出租物件」的房租行情為十五萬日圓,套用上述公式為「15萬×200倍＝3000萬」。購入價格（3500萬）比「預設房租×200倍（＝3000萬）」還貴五百萬,因此需冷靜思考是否購入。

2 購屋應考慮「轉售價值」

許多作者指出,選擇物件的重點在於**「購買資產價值不下跌**（或者會上漲）**的物件」**。

Part.1 收集百本名著才明白真正重要的「七大基本原則」

「重點在於物件選擇,一定要選未來隨時賣得掉、租得出去、地段良好的物件。」(菅井敏之《一輩子不為錢煩惱! 新版 你猜誰存得比較多?》／ascom)

「購屋買車時一定要仔細思考日後售出的難易度,簡單來說,『從轉售價值的角度思考,這間房子(這輛車子)是資產還是負債』。思考過後再決定是否購買。」(山口貴大【獅子兄】《年收三百萬日圓FIRE》／KADOKAWA)

LIBERAL ARTS大學的兩@Libe大學長斷言:「每個人的前提條件不同,無法輕易說出『買房子划算』或『租房子划算』這類答案。」

還說:

「若以『邁向財務自由』為前提,購買轉售價值高的房子較划算。不過,若擔心自己選不出轉售價值高的房子,租屋則是最適宜的選擇。」(《擁有真正的自由 理財大學》／朝日新聞出版)

> ●轉售價值……賣出資產時的價值、中古物件的資產價值高低。

轉售價值愈高,愈容易享受以下優點:
・賣出時較容易獲利。
・出租可以獲得房租收入(房租收入可以償還房貸)。
・自己住也不跌價。
・容易找到買家,換屋更順利。

79

轉售價值較高的條件

- 人氣地段(「想住地區排行榜」的前幾名地段等)。
- 交通方便。
- 方便前往市中心。
- 離車站很近。
- 治安良好。
- 災害風險低(安全性高)。
- 生活環境優良、周邊環境整潔(採光佳、無噪音、生活圈內有金融機構、商業設施、學校、醫院等)。
- 物件管理佳。
- 超高層公寓或大社區……

3 建立做得到的「還款計畫」

房貸利息有以下三種:

◆三種房貸利息

(1)固定利率型
- 貸款期間的利率固定不變。
- 每期還款金額相同,直到結清(還完貸款)為止。
- 通常利率比機動型高。

適合固定利率型的人

希望按照計畫還款的人、預設未來支出會增加因此不想更動還款金額的人等。

(2) 機動利率型

- 貸款期間定期檢視利率（通常半年檢視一次，一年兩次）。
- 每五年檢視一次每月還款金額（利率為每半年檢視一次，但每月還款金額五年間不變）。
- 市場利率上升，房貸利率也會上升（市場利率下降，房貸利率也會下降）。
- 不到最後一期，無法確定總還款金額是多少。
- 每月還款金額可能變多，也可能變少。
- 多數金融機構設定的還款金額上限為「現行還款金額的125％」，因此不會超過變動前還款金額的125％。
- 根據日本國土交通省住宅局「二〇二一年度住宅市場動向調查報告書」，最多人選擇「機動利率型」（從民間金融機構借款的家庭中，有77.3％選擇機動利率）。

適合機動利率型的人

還款期間短的人、借款金額少的人、想提前還款的人、利率上升影響不大的人等。

(3) 固定利率選擇型

- 最初幾年（三年、五年、七年、十年等）的利率不變，固定期間結束後，重新選擇接下來的利率類型。

・固定利率期間愈短，利率愈低。

適合固定利率選擇型的人
　　想在固定期間還一定款項的人、固定期間結束後可承受利率變動風險的人等。

　　借房貸時要考慮物件的購入價格、利率類型、還款期間、年薪、生活型態等，依此建立合理的還款計畫，這一點很重要。

◆建立合理還款計畫的重點
（1）頭期款設定在購屋價格的「一到兩成左右」
　　房屋的購入價格由「頭期款＋房貸」決定，頭期款愈多，貸款額愈低，可減輕還款負擔。

　　話說回來，人很可能因為生病、受傷、失業等原因減少收入，事先準備一筆現金或存款（上班族需準備三到六個月生活費、派遣員工和自雇者以一年為宜）才是上策。為了避免急需用錢時現金不足，請務必備妥「緊急應變金」。

（2）考量購屋雜支和維護費用
　　買房需要支付各項雜支費用，包括稅金、手續費等，支出總額比房屋價格還高。
　　買房後還有各項支出，例如房屋稅、地價稅（相當於日本的固定資產稅），還有房屋的維護費（停車位、管理費、修繕費用等）。若將每月房貸的還款額設定為「過去租屋時支付的房租」，日後可能為了應付維護費用，影響還款狀況。

（3）每月支付額應「低於實際收入的四分之一」

房貸每年還款額最好控制在「年收入四分之一以下」（有些作者建議不超過五分之一）。

根據前述「二〇二一年度住宅市場動向調查報告書」的內容，房貸還款負擔率（每年還款額佔年收入的百分比）為「分售公寓最高，達19.8％；翻修住宅最低，只有10.1％」（申請房貸的家庭每年還款額以購買分售公寓者最高，達150.4萬日圓）。

若以「帳面數字（含稅的年薪）」思考年收入，很可能增加預算，最好以「實際收入（扣除稅金或社會保險費後，實際收到的金額）」預估房貸還款額較不容易出問題（不過，不能光以實際收入估算，一定要配合家計狀況，做出最適宜的判斷）。

「以三十世代的家庭收入（六百到七百萬日圓）為例，貸款金額不可超過三千萬日圓。（略）思考各種降低貸款額度的方法，例如存下頭期款再購屋、調降物件預算等。即使是年收入較高的雙薪家庭，貸款額度也要控制在四千萬日圓的範圍內。」（深田晶惠《房屋貸款就這樣借》／鑽石社）

（4）設定提前還款，盡早清償債務

許多理財書作者一致同意「設定提前還款（全額或部分），盡早清償債務」、「還款期間以六十歲（最長不超過六十五歲）為限」。

> ●提前還款……有別於每月還款，提前還款是在任意時間還一大筆錢的還款型態。每月還款需支付「本金加利息」，提前還款可以提前清償本金，免除已還本金的利息。提前還款可選擇「縮短還款期間」或「減少還款額度」。

兩種提前還款型態

・縮短還款期間

　　每月還款額度不變，縮短還款期間。適合想要減少利息的人、想提早清償債務的人。

・減少還款額度

　　還款期間不變，減少每月還款額度。適合想要減少每月支出的人、預期其他支出變多（例如教育費用增加）的人。

◆提前還款的想法

- 退休後若要付房貸，將對退休生活造成負擔（如預計六十五歲還清房貸，卻發現每月還款額超過年收入的四分之一，須重新思考資金計畫）。
- 還款期間太長，容易受到轉職、辭職等收入減少的影響。
- 提前還款可減少本金，免除原本應支付的利息。
- 假設房貸利息2%，儘早還款就能省下2%的資金，拿去投資。
- 許多人利用退職金清償房貸，若房貸利率低，建議不要清償房貸，將退職金拿去投資，有機會創造更多利益。
- 若享受房貸扣除額，在某些條件下，最好不要提前還款。
- 提前還款會減少手邊資金，可能無法支應不時之需。

No.7 「正確」投保人身保險

Point
1. 了解人身保險的四大型態
2. 醫療保險只要最低限度即可
3. 儲蓄和保險應分開

第七名是「『正確』投保人身保險」。

許多理財書作者指出**「日本人擁有太多保險」**、**「投保不當反而造成損失」**。一百本名著中有二十九本提及「重新調整保險內容」。

◉人身保險……泛指死亡保險、醫療保險、癌症保險、學資保險、年金保險等，保險公司販售的所有人身保險商品。

根據日本人身保險文化中心發表的「二〇二一（令和三）年度人身保險相關全國實態調查」，人身保險（含個人年金保險）的家庭投保率為89.8％，家庭每年支付的保險費平均為37.1萬日圓。

假設持續繳納37.1萬日圓長達三十年，總計為1113萬日圓。支付這麼多保費，若不符合條件，也無法領取保險金。

「基本上保險不是『付出去的錢一定拿得回來』的商品，這是大原則。（略）

『支付保險費』並非購買服務,也不是投資,而是為了因應風險。」（池上彰《新版　池上彰的金錢學校》／朝日新聞出版）

「為了安心」購買過多保障,只會墊高保險費。**最理想的狀態是只準備必要保障,減少支出。**

重新檢視合約內容,思考自己需要哪些保障,才是減少支出的關鍵。

◆檢視保單的時機

・結婚時
・孩子出生時
・轉職時、自己開公司時
・購屋時
・專業主婦（主夫）重新踏入職場時
・孩子獨立時……

「重新調整保險,可以省下一大筆錢！（略）投保民間保險不是壞事……但絕對不能人云亦云。通常詢問被保險人『你保的是什麼險』……大多數人都不清楚保障內容……。」（大河內薰、若林杏樹《請教我存不了錢也無須為錢煩惱的方法！》／SANCTUARY出版）

「幾乎所有人解約大半保險也不會產生任何問題,從資產形成的觀點來看,人身保險是效率最差的金融商品,最好只維持在最低限度。」（橘玲《新版　撿黃金羽毛,變成有錢人》／幻冬舍）

1 了解人身保險的四大型態

依照保險金的支付方式,人身保險可分成四大類:「死亡保險」、「生存保險」、「生死合險」、「其他保險」。

(1) 死亡保險

這是保險對象（被保險人／投保人）身故或陷入重度障礙狀態,受益人就能領到保險金的保險。

死亡保險大致分成限定保障期間的「定期保險」,以及保障一輩子的「終身保險」。

- **定期保險**……保障期間限定。在保障期間內身故或陷入重度障礙狀態,保險公司就支付保險金。若未身故或陷入重度障礙狀態,保險公司就不支付保險金。屬於「過期不退費」的保險類型。

- **終身保險**……終身有保障。身故時保險公司支付保險金,保費比定期保險高。中途解約可領到「解約金」,不會損失保費（解約金因解約時期和保費支付期間而異）。

(2) 生存保險

保險對象生存至滿期日（保險契約訂定的日期）,可領到一筆保險金。學資保險（準備教育基金的儲蓄型保險）、個人年金保險（準備退休基金的儲蓄型保險）也是生存保險的一種。

(3) 生死合險

結合「死亡保險」和「生存保險」的保險商品。被保險人在一定期間身故（或陷入重度障礙狀態）,受益人可領到保險金。若被保險人滿

期後依然生存，可領到生存保險金（滿期保險金）。最代表性的商品是「養老保險」。

- **養老保險**……無論是身故或滿期後依然生存，都能領到相同保險金的儲蓄型保險（身故為身故保險金；滿期為滿期保險金，金額和身故保險金相同）。此保險的特色是在儲備退休後生活費的同時，也能因應意外身故的風險。保險費較高。

（4）其他保險

包括因應疾病、受傷必須住院、動手術等需求的「醫療保險」和「癌症保險」，為了傷病無法工作的危機設計的「失業險」，需要看護時可派上用場的「看護險」等。

2 醫療保險只要最低限度即可

「**重新檢視醫療保險**」在一百本理財書中頻頻出現，令人印象深刻。作者的理由如下：

「善用日本的高額療養費制度，即可減輕自己負擔的醫療費用。」

「用存款因應反而可降低金錢負擔。」

> ●高額療養費制度……在醫療機構或藥局窗口支付的醫療費，若一個月（月初到月底）超過一定的上限額，超額部分就由政府支付的制度。

日本的健康保險制度可讓患者的自負額控制在一定範圍內，無論是因為長期住院或接受昂貴治療累積一大筆醫藥費，也無須擔心傾家蕩產。

以「未滿七十歲，年收入約三百七十到七百七十萬日圓之間」為例，一個月的醫療費（自負額）上限額度約八萬日圓（超過的部分由政府埋單）。自負額因年齡和所得不同。

高額療養費制度不支付住院期間的伙食費、差額病床費與先進醫療費用，但大多數作者仍認為「一般人不需要醫療保險」。

「筆者認為這些費用不需要靠民間保險支付。

日本原本就有的健康保險和高額療養費制度，一般人支付的醫療費並不高，只要靠存款支付伙食費和差額病床費即可。

此外，一般人用到先進醫療的機率相當低。」（賴藤太希《退休後不再煩惱的理財術》／太和書房）

其他意見包括：

「無須投保醫療保險，將保險費存下來運用在其他地方更划算。」

「如果存款水位夠高，投保無法回收的醫療保險真的很虧。」

「靠『公家保險與存款』因應傷病需求是基本原則。」

「隨著年齡增長，醫療保險的保費愈來愈高，銀髮族把錢存下來才合理。」

「如果政府提供的保障和手邊儲蓄，仍無法支應傷病需求，內心感到不安，才評估是否投保醫療保險。」

「在存款還不足時，不妨投保醫療保險以防不時之需。」

「自由工作者與自雇者如果無法工作，收入就會銳減，有時需要醫療保險補足保障。」

日本厚生勞動省發表二〇二〇年度生涯醫療費為兩千六百九十五萬日圓（七十歲以下為一千三百三十一萬日圓；七十歲以上為一千三百六十四萬日圓）。自負額只有一到三成（比例根據年齡和所得訂定）。大約一半的生涯醫療費花費在七十歲以後族群。

　　民營公司推出的醫療保險可以補足公家保險的不足。首先應了解自己投保的公家保險可獲得多少保障，若覺得「光靠公家保險或存款仍無法消除傷病帶來的財務不安」，就要投保醫療保險因應。

3 儲蓄和保險應分開

　　保險分成「保障型」和「儲蓄型」。

> ●儲蓄型保險……可因應不時之需，又可為將來儲蓄的保險。部分保費可存下來，滿期（滿期保險金）和解約（解約金）時還能拿回一筆錢。這類保險包括終身保險、養老保險、學資保險、個人年金保險等。

　　儲蓄型保險的優點如下：
・每月支付保費，達到計畫存款的效果。
・解約時可拿回部分保費。
・沒住院、沒動手術也能拿到錢。
・投保人不會覺得「浪費錢」。

　　有鑑於此，許多理財書作者認為**「分開思考儲蓄與保險」**、**「儲蓄型保險不適合用來形成資產」**。

◆**理財書作者不推薦儲蓄型保險的理由**
・中途解約時,不一定能拿回支付的全額保費。
・有比保險收益更高的金融商品,投資其他金融商品(例如美國股市的指數型基金)的報酬較好。
・以提供的保障來說,保費相對較高。
・拿回的滿期保險金無法大幅超越付出的保費,若從投資理財的角度來看,報酬率不高。
・幾乎所有的儲蓄型保險是以儲備長期資金為前提,不適合想準備短期資金的人。
・難以應付通貨膨脹(關於通貨膨脹請參照Column3詳細說明)。

　「儲蓄不是人身保險,我認為善用風險較小、穩健操作的投資信託才是聰明的選擇。
　如今有許多金融商品,靠人身保險存錢並非良策。簡單來說,投保人身保險注重的只是『保障』罷了。」(橫山光昭《年薪200萬起的存錢生活宣言》／Discover 21)

Column 3
通膨時與通縮時該如何運用資產？

「通貨膨脹」、「通貨緊縮」與我們的儲蓄和資產運用息息相關。

通貨膨脹指的是物價持續上漲。

> ● 通膨……「通貨膨脹」的簡稱。物價持續上漲，錢的價值下跌。

假設原本賣一百日圓的蘋果上漲到兩百日圓，即代表**「物價上漲」**、**「錢的價值下跌」**。

假設一顆一百日圓的蘋果上漲到兩百日圓

漲價前　　　　　　　漲價後

100 ＝ 🍎

　　　　　　　通膨

100 ＝ 🍎

　　　　　　　100　100 ＝ 🍎

　　　　　　　……錢的價值下跌

通貨緊縮指的是物價持續下跌。

> ●通縮……「通貨緊縮」的簡稱。物價持續下跌,錢的價值上漲。

假設原本賣一百日圓的蘋果下跌至五十日圓,即代表**「物價下跌」**、**「錢的價值上漲」**。

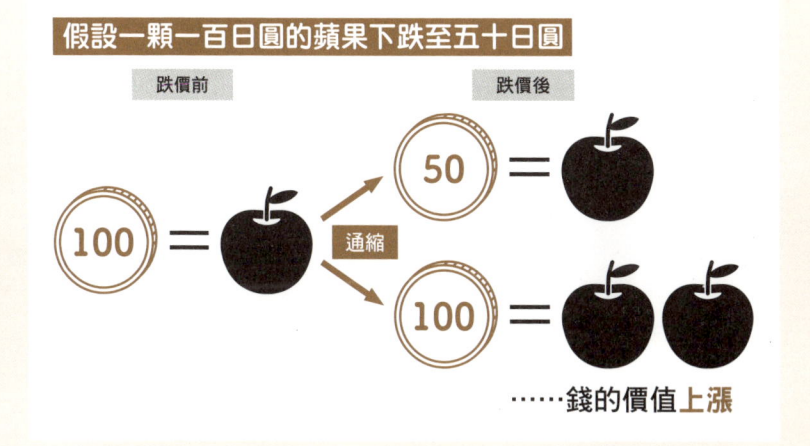

假設一顆一百日圓的蘋果下跌至五十日圓

跌價前　　　　　　跌價後

100 = 🍎

通縮

50 = 🍎

100 = 🍎🍎

……錢的價值上漲

統整後的圖表如下頁。

錢的價值漲漲跌跌

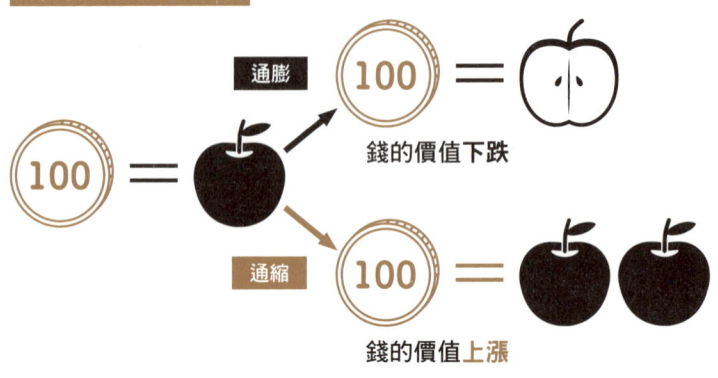

通膨 → 100 = 🍎(白) 錢的價值下跌

100 = 🍎

通縮 → 100 = 🍎🍎 錢的價值**上漲**

一般來說，通貨膨脹會使股價上漲。

通貨膨脹導致股價上漲

物價上漲
⬇
消費者想在商品漲價前囤貨，買氣熱絡。
⬇
商品熱賣
⬇
企業業績上揚
⬇
股價上漲

另一方面，通貨緊縮會使股價下跌。

通貨緊縮導致股價下跌

物價下跌
⬇
消費者想等商品跌價再買，或等手頭寬裕時再買，減少消費行為。
⬇
商品滯銷（就算賣出去價格也很低，毫無利潤可言）
⬇
企業業績下滑
⬇
股價下跌

通膨與通縮使得錢的價值漲漲跌跌，應選擇的投資手法也不同。

◆通貨膨脹時的投資觀念

- 由於現金的實質價值下跌，應考慮持有現金存款以外的資產。
- 股票是不怕通貨膨脹的資產，遇到通貨膨脹或出現通膨徵兆時，調高手邊資產的股票比例，較容易獲利。
- 通貨膨脹時，不動產和REIT（不動產投資信託）的市況榮景可期。
- 若通貨膨脹加劇，日圓容易貶值，投資外幣計價的資產（海外資產）較容易獲利。
- 擁有投資全球或日本股市的指數型基金，就有機會吃到紅利。

◆**通貨緊縮時的投資觀念**
・思考可以保全資產,又能慢慢增加財富的方法。
・整體股市容易陷入低迷。投資股票一定要選對標的,否則很難獲利。
・景氣緊縮時,現金的保值性強,可提高現金比例。不過,存款利息較低,薪水也不漲,若將所有資產換成現金,風險較高。
・可考慮將資產轉成債券。
・即使日本面臨通縮,其他國家可能通膨,應布局全球,分散投資。

「許多專家強調『通膨的風險』,建議購買理財商品,但若為了追求零風險而過度投資,反而很危險。

面臨通膨或通縮時,請保持輕鬆的態度,思考最適合當下的因應之道。」(山崎元《成為理財高手! 便攜版》／Discover 21)

Part.2

百本名著推薦 提升投資效率的 「十一個祕訣」

排行榜第8〜18名

No.8 想成為有錢人就要投資

> **Point**
> 1. 光靠工作無法成為有錢人
> 2. 銀行存款可能導致財富縮水
> 3. 讓錢為你工作是退休生活更充裕的祕訣

第八名是「想成為有錢人就要投資」。

一百本書中,將近三成強調「投資的重要性」。

說法各有不同,統整如下:

「讓存款發揮作用(=投資)。」

「不用錢滾錢,就無法增加財富。」

「最大的浪費是不投資。」

「投資是在未來的時代存活下來的關鍵。」

◆作者建議投資的理由

- 光靠工作不可能成為有錢人。
- 投資的利益比存款高。
- 日圓價值維持低檔(投資比持有現金好)。
- 有錢人的資產絕大多數來自投資。
- 投資獲利的稅率約20%(另一方面,高薪族群的稅金〔所得稅與住民稅〕可能超過50%)。

1 光靠工作無法成為有錢人

有人證實了**「有資產的人可變成更有錢的人，光靠工作收入無法成為有錢人」**。

那個人就是法國經濟學家托瑪・皮凱提（Thomas Piketty）。皮凱提在二〇一三出版的全球暢銷書《二十一世紀資本論》（*Le Capital au XXIe siècle*／繁中版於二〇二二年由衛城出版）提出自己的主張如下：

分析回溯至十八世紀的相關數據，得到「r（收益資本化率）」每年成長百分之四到五，「g（淨收益成長率）」只成長百分之一到二的結果。「r＞g」的不等式成立。

收益資本化率代表投資報酬，淨收益成長率意指薪水成長率。

托瑪・皮凱提《二十一世紀資本論》的主張

$$r > g$$

收益資本化率
（return of capital）
・股票收益
・不動產收益

淨收益成長率
（Economic Growth Rate）
・工作產生的收益

簡單來說，**沒有資產會導致損失**。

2 銀行存款可能導致財富縮水

有些作者認為「把錢放在銀行（存款）愈放愈少」、「將錢存在銀行，無法讓錢變多」。

「老實告訴各位，不投資是最浪費錢的行為。這是Opportunity Cost（機會成本）！意思是『不選擇而損失的價值』。把錢存在銀行蒙受的損失真的很大！」（厚切傑森《傑森流金錢增加法》／PIA）

「銀行存款導致財富縮水」究竟是怎麼一回事？
存款是以現金型態持有資產。當物價上漲，同樣的錢無法買到和過去一樣的東西。簡言之，錢的價值下跌。誠如Column 3所述，「物價上漲，錢的價值下跌」代表「通貨膨脹」。
實體的錢並未減少，而是持有資產的價值下跌，因此大家都說**存款無法承受通膨帶來的衝擊**。

物價上漲，錢的價值下跌（＝通貨膨脹）

30年前 冰淇淋 **50日圓** → 同樣的冰淇淋 → 現在 冰淇淋 **100日圓**

50日圓的價值只剩1/2個冰淇淋！

銀行存款的低利率也是理財書作者建議投資的理由之一。

瑞穗銀行、三菱UFJ銀行、三井住友銀行是日本三大巨型銀行（總資產超過一兆美元的巨型銀行集團），定期存款的一年期利息只有0.002%（二〇二三年五月二十五日的資訊）。

一百萬日圓定存一年，利息只有二十日圓。

若將錢投入以國人為對象的國債、投資信託或股票，操作得宜就能獲取超過銀行利息的報酬。

常在理財雜誌發表文章的作家安恆理，在著作《日本最強股票勝經》（易富文化）提及：「**股票投資的最大魅力就是可以賺取高額報酬。**（略）

將錢投資股票，操作一年不僅可以翻倍（賺100%）**，賺十倍**（1000%）**也不是夢想。**」

3 讓錢為你工作是退休生活更充裕的祕訣

日本人的壽命愈來愈長，如今已是人生百年的時代。有本理財書強調，為了避免退休生活為錢煩惱，一定要讓錢為你工作（投資）。

「作者大衛‧比安奇不斷在本書強調在收入範圍內維持生活，好好讓錢工作，退休就不用為錢煩惱。」（大衛‧比安奇《父親教導13歲兒子的金融入門課》／日本經濟新聞出版）

No.9 關注「指數」和「指標」

> **Point**
> 1 關注指數和指標是成功投資的關鍵
> 2 透過日經平均指數掌握市場大趨勢
> 3 購買PER較低的股票

　　理財書有許多「指數」和「指標」，作者們主張想要成功投資，一定要關注「指數」和「指標」，因為它們代表股票市場的動向。

- ●指數……形成基準的數字。

- ●指標……判斷和評估投資時的標準。

　　理財書頻繁出現「經濟指標」、「日經平均指數」、「TOPIX（東證股價指數）」、「道瓊（紐約道瓊、道瓊工業平均指數）」、「PER（本益比）」等五項數字。

1 關注指數和指標是成功投資的關鍵

　　經濟指標是顯示各國經濟活動狀況的統計數據，由各國公家機構統計公布。日本有「日銀短觀（全國企業短期經濟觀測調查）」、「機

械訂單統計」、「景氣動向指數」與「GDP（國內生產毛額）」等。

機構投資者（以企業為主體投資的組織，包括金融機構、保險公司、年金基金等）參照上述指標，決定接下來的投資方向。

經濟指標最重要的是，市場預測（如證券公司的未來預測）與發表指數之間的差距。若市場預測與指數沒有差距，股價就不會反應；若差距很大，反應就很劇烈。

預測與指數差距影響股價

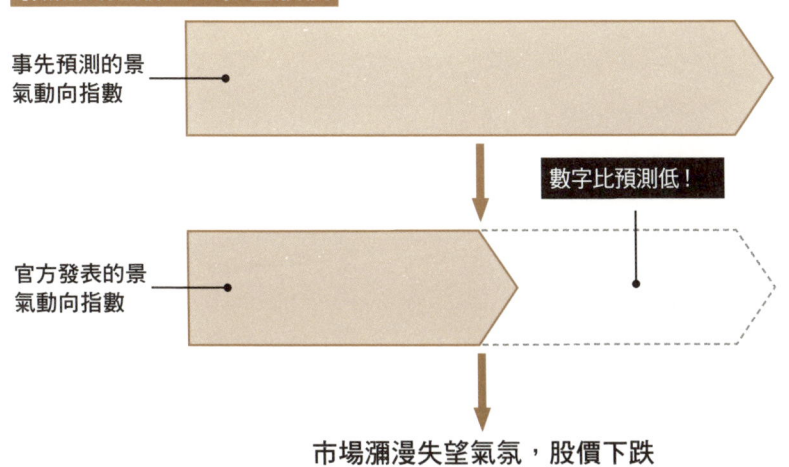

事先預測的景氣動向指數

官方發表的景氣動向指數

數字比預測低！

市場瀰漫失望氣氛，股價下跌

「官方發表的經濟指標數據看起來景氣動向樂觀，股價卻可能下跌。這是因為市場先前預測『數據表現應該更好』，但實際發表的數值不佳，導致投資人感到失望所致。」（安恒理《日本最強股票勝經》／易富文化）

2 透過日經平均指數掌握市場大趨勢

　　日經平均指數是日本經濟新聞從東京證券交易所Prime市場的一千八百家上市企業，綜合評估業種等因素，選出兩百二十五檔股票的股價平均指數。特色是「容易受到高股價股票的影響」。**由於景氣好，股價就會上漲，因此只要日經平均指數上揚，代表景氣熱絡**。投資人可從指數掌握市場大方向。

　　TOPIX（東證股價指數）是「Tokyo Stock Price Index」的簡稱，以東京證券交易所Prime市場上市股票為對象，比較過去（一九六八年）市值（股價×發行股數）計算比重。假設當時的市值總和為一百，現在為一千，代表目前市值是當時的十倍。特色是「容易受到高市值股票的影響」。

　　道瓊是在美國紐約證券交易所，和那斯達克股票交易所上市的三十檔優良股票股價之平均值。計算方式由美國道瓊公司（Dow Jones & Company）開發而成。

3 購買PER較低的股票

　　PER是「Price Earing Ratio」的簡稱，代表「本益比」之意。假設一枚五百日圓硬幣可買到六百日圓的東西代表獲利，若可買到一千日圓的東西，獲利更大。這種評估股票「獲利程度」的指標即為PER。

「PER是從公司獲利能力，檢視現今股價是否偏低的數值。」
(《熱銷股票雜誌ZAI推出的股票入門書　改訂第3版》／鑽石社)

PER是每股市價除以每股盈餘（EPS。每股稅後獲利÷已發行股數），計算出的數值。

PER的算式

PER=股價÷每股盈餘

PER數值愈低代表愈便宜

A　股價2000日圓÷每股盈餘200日圓=PER 10倍 ➡ 每股盈餘的10倍
B　股價1000日圓÷每股盈餘200日圓=PER 50倍 ➡ 每股盈餘的5倍

買B比較划算！

◆PER的重點

・**股市的PER約以10～20倍變動。**
・**近年以15倍為標準。**
・**成長期待愈大，數字愈高**（有成長性的公司，即使貴一點也要買——這類心理預期推動股價）。
・**一般情況下，盡可能購買PER較低的股票。**

No.10 不感情用事

Point
1. 放棄執著
2. 過度貪心導致鉅額損失
3. 「失敗」是學習的機會

許多理財書強調「控制內心的重要性」。

這是因為**心理傾向和情緒控制是人們投資時,無法如願賺取利益**的原因。

理財規劃師中桐啟貴在著作《日本第一簡單的「投資」與「理財」書》(CrossMedia Publishing)中提及:「比起利益,人類內心對於虧損的反應較為強烈。」接著又說:「由於討厭虧損,即使股價下跌也無法按照計畫停損。人們不喜歡真的虧錢。」

「許多人投資時過於情緒化,無法理性看待投資股票買的是事業的一部分,於是短視近利,沒看到事業的長期經濟效應⋯⋯。
讓投資者走向破滅之路的(略),是投資者自身的行為。」(瑪麗・巴菲特、大衛・克拉克《看見價值》/先覺出版)

想要累積財富,理財書建議應控制以下三大情感:

◆投資時應控制的三大情感
・執著心
・想賺更多的欲望
・害怕失敗（虧損）的心態

1 放棄執著

　　投資人最常陷入的窘境是「購入的金融商品（例如A公司股票）虧損，卻持續加碼該商品（A公司股票），期待回本」。明明股價持續下跌，卻一心期待「總有一天會漲回來」，握在手裡不肯售出。最後不僅沒上漲，反而套牢。

> ●套牢……購入股票後，若股價下跌低於買進價格，此時賣出就會虧損。為了不虧損而長期持有的狀態。

　　過度執著某項商品，就看不到其他更具吸引力的商品，錯失賺錢機會。
　　話說回來，**放棄執著真的很難**。該如何因應？

　　出生於英國的記者兼投資家馬克思・岡瑟在其著作《蘇黎士投機定律》（寰宇）寫的這段話，各位不妨參考。
　　「若你無法捨棄虧損的投資，理性無法戰勝感性，不妨和朋友、另一半，甚至是酒吧的酒保聊聊，或許可以幫你脫離泥淖。去看一場好電影，聽一場演奏會，短暫忘卻煩惱，有助於提神醒腦，看清事實。」

2 過度貪心導致鉅額損失

當自己買的股票開始上漲,內心難免期待「會再上漲」、「只要再等一會兒,就能賺更多」,抱股不賣,最後卻反轉下跌,導致虧損,這類情形屢見不鮮。

人的欲望過大,就會錯失賺錢的賣點。

怎麼做才能避免投資失敗?
統整理財書作者們的意見如下:
- 隨時保持冷靜。
- 不追求賺大錢。
- 只要有賺就落袋為安。

「老練的當沖客不會追求一次賺一萬美元,而是落實賺十次,每次賺一千美元。實現一千美元的利益比一萬美元的時間更短,風險更低,當然容易落袋為安。」(奧利佛‧瓦萊士、葛雷格‧卡普拉《史上最強短線交易穩贏操作勝經》/新文創文化)

3 「失敗」是學習的機會

「害怕失敗,損失金錢,所以我不投資。」
「因為我曾經投資失敗(虧損),之後再也不投資。」
有上述想法的人很難累積財富。
許多理財書指出**失敗是正常的,克服失敗,重新奮起才是重點**。

「失敗是社會大學的必修學分。我當初若沒修過這門珍貴課程，絕不可能真的成功（順利畢業）。誇耀自己從未失敗的人，不過是沒上過必修課，嘴上逞強罷了，一點意義也沒有。」（本多靜六《我的庶民養錢術》／大牌出版）

「害怕虧損是很正常的道理，每個人都擔心。有錢人也不例外。問題不在於害怕，而是如何因應。總之，關鍵在於虧損時如何反應。」（羅勃特・T・清崎《修訂版 富爸爸，窮爸爸》／高寶）

No.11 借助「複利力」增加財富

> **Point**
> 1 長期投資，讓「複利」效果成為助力
> 2 透過「七二法則」掌握本金翻倍的時機

第十一名是「借助『複利力』增加財富」。

許多理財書作者訴求**借助「複利力」的重要性**。

「善用複利力，毋須仰賴鉅額報酬也能增加資產。」（摩根‧豪瑟《致富心態》／天下文化）

「幾乎沒有人在決定投資時，十分清楚『複利』的重要性。」（墨基爾《漫步華爾街》／天下文化）

複利是一種計算利息的方法。

在詳細解說複利之前，容筆者整理與利息有關的詞彙。

將錢存在銀行（存款）就會產生「利息」。對於借款者來說，利息可說是一種用錢表達的「謝禮」，例如「一千日圓可孳生十日圓利息」，十日圓就是謝禮。

利息以百分比表示，代表對本金（存款）支付多少利息。此百分比稱為「利率」。

> **利息的計算方法**
> 利息＝本金×利率
> 例）本金1000日圓×利率5％＝利息50日圓

本金對利息的百分比在日本稱為「金利」，意思與「利率」相同。通常以一年的利息比率（年利率）顯示。

投資常用的「收益率」、「投資報酬率」，是以百分比顯示投資本金與一定期間內獲利的指標。由於收益率代表的是投資績效，唯有結束投資才知道確實數據。假設投資本金為一百萬日圓，一年獲得的利益為五萬日圓，收益率為百分之五。

> **收益率的計算方法**
> 收益率＝利益÷本金
> 例）利益5萬日圓÷本金100萬日圓＝收益率5％

1 長期投資，讓「複利」效果成為助力

利息的計算方式有「單利」和「複利」。

前國稅稽查官、現為自由作家的小林義崇，在著作《請問一下，什麼是利息？》（Sunmark出版）中，針對「單利」和「複利」做出以下說明（請參照方框內容）：

> ●單利……「每年以相同本金乘利率，計算利息的方法。」
>
> ●複利……「本金加上這一期獲得的利息（本息），在下一期重複計息的方法。」

　　假設在銀行存入一百萬日圓（本金），利息百分之五（年利率），一年後可得到多少利息？
　　一年後得到的利息，無論以單利或複利計算，皆為五萬日圓（不考慮稅金）。

　　若以單利計算，兩年後、三年後領取的利息皆相同，每年皆可拿到五萬日圓。投資十年後，利息為5萬日圓×10年＝**50萬日圓**。

　　若以複利計算，第二年計息的金額為，本金一百萬日圓加上第一年的利息五萬日圓（利息百分之五）。
　　因此兩年後的利息為（100萬日圓＋5萬日圓）×5％＝5萬2500日圓。
　　第三年的計息金額為，本金一百萬日圓加上第一年的利息五萬日圓，和第二年的利息五萬兩千五百日圓（利息百分之五）。
　　因此第三年的利息為（100萬日圓＋5萬日圓＋5萬2500日圓）×5％＝5萬5125日圓。
　　十年後領取的利息總額**約為六十三萬日圓**。

　　十年過後，單利與複利的利息差距為：
　　約63萬日圓－50萬日圓＝約13萬日圓

「單利」與「複利」

利率5%　投資100萬日圓的範例

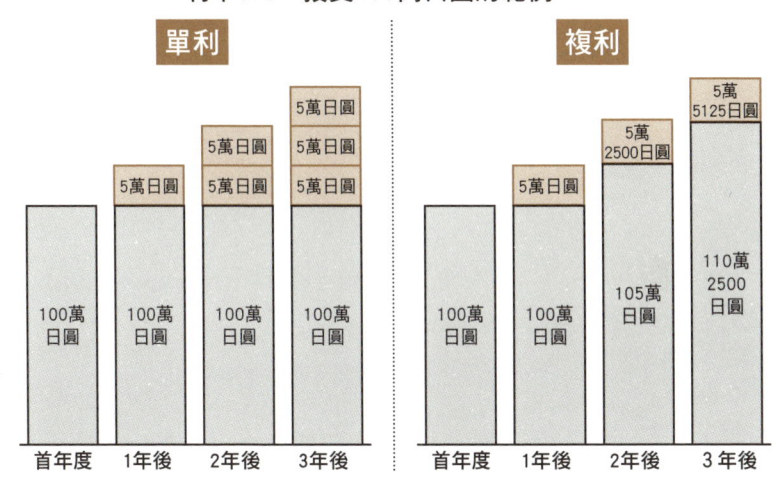

單利

首年度	1年後	2年後	3年後
100萬日圓	100萬日圓 + 5萬日圓	100萬日圓 + 5萬日圓 + 5萬日圓	100萬日圓 + 5萬日圓 + 5萬日圓 + 5萬日圓

複利

首年度	1年後	2年後	3年後
100萬日圓	100萬日圓 + 5萬日圓	105萬日圓 + 5萬2500日圓	110萬2500日圓 + 5萬5125日圓

使用複利計息，存款年限愈長，利息增加速度愈快。許多理財書主張**「投資的好處就是享受複利效果」**。

◆提高複利效果的重點

・配息再投資即可享受複利效果。
・由於複利效果無法立刻彰顯，必須耐心孵育財富。
・存款期間愈長，利息增加速度就愈快，應儘早開始投資。

《看見價值》（瑪麗・巴菲特、大衛・克拉克／先覺出版）有以下描述：

「投資的世界為發現使命的年輕人帶來絕佳機會，利用『複利』魔法，時間愈長，效果愈好。」

2 透過「七二法則」掌握本金翻倍的時機

理財書提及透過複利投資的方法時，經常介紹「七二法則」。

記載於義大利數學家盧卡・帕西奧利（Luca Pacioli，一四四五～一五一七）的著作《算術、幾何、比例總論》，至少從十五世紀流傳至今。

《年收三百萬日圓FIRE》（山口貴大【獅子兄】╱KADOKAWA）針對「七二法則」，做出以下說明：

「利用複利投資某項金融商品，讓本金翻倍的概略時間，可用『72÷該金融商品每年投報率』算出。」

簡化如下：

72÷利率＝本金達2倍的年數

（算式中的「利率」以複利為前提。此外，結果是大略數字，不一定正確。有些理財書寫「72÷利息」，本書採用多數證券公司官網使用的「利率」一詞。）

假設投資利率百分之六的金融商品，套用算式如下：

72÷6＝12（年）

簡而言之，「投資十二年可翻倍」。

若投入一千萬日圓，百分之六的複利效果，十二年後可滾出兩千萬日圓。

善用「七二法則」，大致掌握幾年後可讓自己的資產翻倍。

◆借款翻倍的年數計算法

另一方面,**七二法則也能算出借款翻倍的速度**。

假設借款利率為百分之十八,算式如下:

72÷18＝4(年)

簡單來說,借款會在四年後翻倍。

如有借款需求,請務必善用「七二法則」,幫助你謹慎行事。

No.12 存錢族的共通「習慣」

> **Point**
> 1 訂定花錢規則
> 2 捐款
> 3 經常整理家裡
> 4 不過度工作

第十二名是「存錢族的共通『習慣』」。不少理財書提及「存錢習慣」,包括「用錢方法」、「對於住所和生活方式的堅持」等。

1 訂定花錢規則

「用錢方法」是「存錢習慣」之一。許多理財書作者都有自己的花錢規則。事先訂定花錢規則,可以避免過度花費。

幫助人們實現願景和財富自由的專家和仁達也,強調事先決定花錢順序的重要性。

「關於用錢方法,只要事先決定『要買什麼、不買什麼』,就不會輕易受到雜誌廣告和傳單的誘惑。」(《世界第一想上的金錢課》/三笠書房)

2 捐款

許多作者指出,「捐款」也是存錢族的共通習慣之一。

前國稅稽查官、現為自由作家的小林義崇在其著作《致富原子習慣》(樂金文化)寫道:

「日本富豪通常都有捐款習慣。我過去稽查遺產稅時,見證不少富豪捐出大額財產。」

成功存下錢的人之所以捐錢,是因為他們**「重視與其他人的連結」**、**「奉獻的喜悅難能可貴」**、**「可以節稅」**等。

3 經常整理家裡

理財書作者認為「對自己的『住處』有所堅持很重要」。

美國作家喬治・山繆・克拉森在其著作《巴比倫致富聖經》(三采)提及七大增加黃金(金錢)的工具,其中之一就是「住在更好的環境中」。

「家的功能不是只有居住,還有『在庭院裡玩的孩子』、『太太種的無花果和葡萄』、『與職場的距離也很重要』。居所與幸福生活緊密相關,幸福讓人想存下更多錢。」

關於住處的講究重點,理財書作者也提出以下兩大具體建議:

（1）注重居住空間的整潔

《會存錢的人，為什麼房間都很乾淨？》（黑田尚子／日本經濟新聞出版）一書中，針對「打掃家裡培養儲蓄體質」的原因舉例如下：

打掃家裡
↓
實際感受物品和金錢
↓
體會整潔空間的舒適性
↓
掌握家中需要多少物品
↓
釐清「真正需要的東西」和「喜歡的物品」
↓
減少無謂的花錢次數，讓家計更寬裕
↓
開始存錢

（2）職住平衡

俗話說「時間就是金錢」。經濟評論家山崎元的著作《成為理財高手！　便攜版》（Discover 21）主張所有人都應留意金錢與時間的關係。

書中提及「職住平衡有許多好處」、「省下來的通勤時間可以換成金錢與自由」，更具體提出以下五大好處：

- 遇到加班時，可完成更多工作。
- 養精蓄銳，提升第二天的工作表現。
- 減少舟車勞頓，提升工作品質。
- 有助於建立人脈，擴展工作範圍。
- 多一點時間學習工作知識，提升個人教養。

4 不過度工作

　　頗受歡迎的投資YouTuber高橋丹認為有效利用時間是成為有錢人的關鍵，因此應避免「過度工作」。

　　「大多數全球成功人士最重視的都是『工作與生活的平衡』。（略）

　　成功人士最常在週末做的事情如下：

　　・讀書　・和家人一起度過時光　・健身　・吃好睡好。」

（《全世界有錢人都在做的財富倍增法》／春天）

No.13 將不動產投資納入選項

Point
1. 用「他人資本」投資不動產
2. 投資剛落成的套房要特別注意
3. 想從小額開始投資的人要活用REIT

儘管有些理財書認為「投資不動產一定虧」、「投資新手不應投資不動產」，但有大約四倍的理財書贊成投資不動產。

「我的資產基礎是不動產。不動產很穩定，價格波動不大，深得我心。資產基礎一定要選擇穩定可靠的對象，從不動產獲得的現金流很紮實，只要好好管理就有機會增值。」（羅勃特・T・清崎《修訂版 富爸爸，窮爸爸》／高寶）

「我是在二〇一〇年（二十四歲）開始投資不動產。（略）
那段期間我看了好幾本書，開始對不動產投資感興趣。
我看書後發現，大多數歷史上創造龐大資產的人，都是向銀行借錢購買不動產。」（高橋丹《全世界有錢人都在做的財富倍增法》／春天）

「不動產是很吸引人的投資對象，不僅是穩定的收入來源，還有增值空間。」（安德魯・O・史密斯《美國高中生學習的理財教科書》／SB Creative）

不動產投資分成兩大類：
- **直接購買不動產**（實物）
- **投資REIT**（不動產投資信託）

1 用「他人資本」投資不動產

投資不動產的第一種方式，是「直接購買不動產（實物）」。亦即買不動產（公寓套房／公寓整層物件、透天厝、整棟公寓、整棟華廈等）獲利。

獲利方法有以下兩種：

買不動產獲利的方法
- **資本利得**（出售資產獲利）
  購入不動產，漲價後賣出，賺取價差。
- **投資收益**（持有資產獲利）
  將購入的不動產出租，賺取房租收入。

統整理財書提及的投資不動產實物之優缺點如下：

◆投資不動產實物的優點
- 大多數人都是向銀行借錢買房。簡單來說，就是用別人的錢投資。
- 將房子租出去賺取房租，就能獲得穩定收入。
- 善用管理公司或翻修公司，可以減少自己管理的麻煩（上班族也能成為房東）。

- 不怕通膨（請參閱Column 3說明）影響。由於不動產為有形資產（實物），物價上升，房價也會上揚。
- 可節省遺產稅。原因在於「土地和建物價值評估比市價便宜七到八成」、「出租的不動產遺產稅評估額較低」。

說得簡單一點，假設某人手邊有一億日圓現金，若這些現金出現繼承事實，遺產稅的計算基準為一億日圓。但若是繼承用一億日圓買的「物件」，價值評估便宜七到八成，亦即只要繳納以七、八千萬日圓計算的遺產稅即可。若是出租的不動產，物件評估價值更低。

◆**投資不動產實物的風險**
- 持有不動產期間須支付固定資產稅和管理費等費用。
- 不動產可能跌價。
- 房租可能下滑。
- 房子可能租不出去，或遇到房客遲繳房租等情形。
- 購屋需準備一大筆資金。
- 需支付修繕費與管理費等。
- 需要現金時無法立刻變現（無法立刻賣掉，賣房有一定程序）。急著賣房可能虧錢。
- 需承擔房屋倒塌、火災、自然災害等風險。

提出「新手不應投資不動產」的理財書作者們，不贊成的是購買實體不動產。

就連贊成投資不動產的理財書作者們，也異口同聲地說：「在充分理解之後才能投資不動產。」

《擁有真正的自由　理財大學》（朝日新聞出版）提及**「調動金額太大，必須徹底了解才能出手投資」**，這本書的作者是兩@Libe大學長。

該書也提出成功投資不動產的六大判斷要點，在此介紹其中一部分：

「1.是否真的清楚投資不動產的種類、新屋／中古屋、都市圈／鄉下等各物件的特性？

2.前輩們如何成功？是否看書學習前人智慧？」

2 投資剛落成的套房要特別注意

實際上該投資何種物件？到底是「透天厝」還是「整棟公寓」？理財作者的意見分歧。

不過，有多本理財書提及**「應該注意剛落成的套房**（區分所有的公寓大樓，購買其中只有一房的單位）」。原因如下：

「新公寓剛買時最貴，購買後就跌價。」

「就算業者資料註明『保證房租收入』，但只有一開始高房租，之後就不一定。」

3 想從小額開始投資的人要活用REIT

第二種投資不動產的方法是「投資REIT」。

○REIT……「Real Estate Investment Trust」的簡稱。
　　　　　　Real Estate＝不動產
　　　　　　Investment Trust＝投資信託
這是美國開發的不動產投資信託商品。

REIT利用投資人給的資金購入不動產，再將出租不動產的收益，或是出售不動產的獲利，分配給投資人。

　　只要善用REIT，投資人無須真正持有不動產或管理出租物件（不用收房租和處理房客糾紛），也能投資不動產。

　　日本版REIT加上JAPAN的「J」，稱為「J-REIT」（亦簡稱「REIT」）。

◆REIT的重點

・在證券交易所上市，可像股票一樣透過證券公司買入。
・與一般投資信託一樣，推出「〇〇〇領先指標」、「△△△領先指標」等不同商品。
・手邊有幾萬日圓即可投資。
・無須真正持有不動產。
・不保證本金和配息。

REIT的運作機制

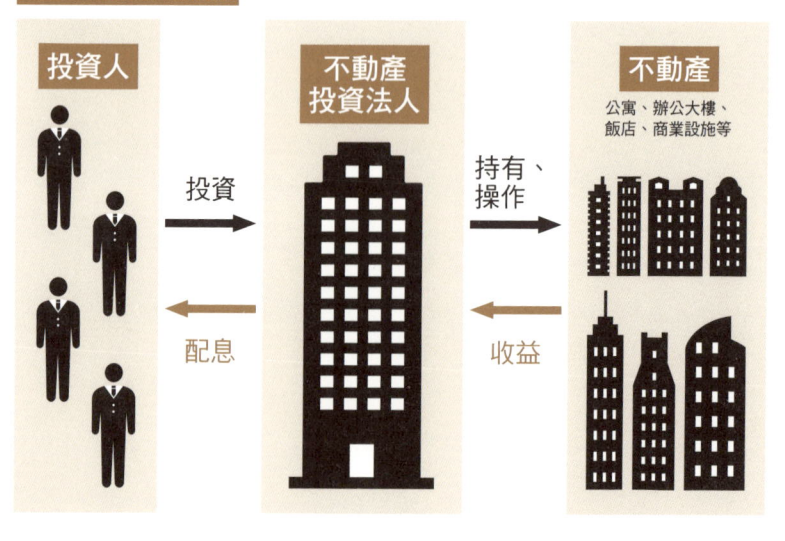

投資人	→ 投資 →	不動產投資法人	→ 持有、操作 →	不動產 公寓、辦公大樓、飯店、商業設施等
	← 配息 ←		← 收益 ←	

根據物件用途，分成辦公型、住宅型、飯店型、物流型等，收益穩定性與未來性不同。

※編註：台灣目前掛牌發行的REITs共有6檔，皆為信託架構，標的以商辦為主。

No.14 理財的第一步 從「儲蓄」做起

> **Point**
> 1 打造「自然儲蓄的機制」
> 2 收入的兩到三成要存起來

　　提及增加財富的方法、成為有錢人的方法，理財書的建議都是**存錢**（儲金、存款），從「**儲蓄**」做起。

> ●儲金……將錢存進郵局或農會。
>
> ●存款……將錢存進銀行。

　　「成為有錢人最好的方法就是夢想存錢筒。任何有蓋子的盒子都能當存錢筒，接著在蓋子上寫著你的夢想。（略）做好夢想存錢筒後，放入你特別留下來，不用的錢。」（博多・薛弗《小狗錢錢》／遠流）

　　儲蓄的目的是「累積一筆錢投資」、「以備不時之需」、「為將來做準備（結婚、孩子的教育基金等）」。

1 打造「自然儲蓄的機制」

心裡明白儲蓄很重要,但有些人就是存不了錢。此時不妨自己打造存錢機制。舉例來說,每個月收到薪水後,自動扣下一筆錢,利用這個方法自然可以存錢。

◆有效存錢的方法
・薪水入帳後立刻扣除存款部分,假裝沒有這筆錢(若將這筆錢留在手中,很可能會花掉)。
・預設自動扣款,每月從薪資帳戶中扣除一筆錢。
・儲蓄用的戶頭盡可能維持不易提領的狀態。

有些理財作者建議,為了提高儲蓄動機,製作儲蓄清單,條列每個月存下的錢。

「驚喜地發現幾年後就能存下一大筆錢,讓人更想存錢。」
(DUN《開心存錢的「DUN家計簿」,讓人想好好記帳的金錢筆記本》/PIA)

2 收入的兩到三成要存起來

話說回來,該存多少錢才夠?理財書提及以下基準:

- **收入的兩成**(20%,包括年金和儲蓄)……《美國高中生學習的理財教科書》(安德魯・O・史密斯)
- **儲蓄率**(收入轉儲蓄的比例)為**五成**(50%)……《年收三百萬日圓 FIRE》(山口貴大【獅子兄】)
- 收入的**十分之一**……《巴比倫致富聖經》(喬治・山繆・克拉森)
- 收入的**四分之一**……《我的庶民養錢術》(本多靜六)
- 薪水的**三成**……《成為理財高手! 便攜版》(山崎元)

詳細調查之後,**建議將收入的兩到三成存起來。**

No.15 不借「高利貸」

> **Point**
> 1 借錢要謹慎
> 2 從利息決定還款的先後順序

　　許多理財書不僅介紹增加金錢的方法,也提及借款和貸款的觀念。

> ●借款……向別人借錢。借來的錢。
>
> ●貸款……借貸融資。消費或購買房屋的資金等,融資給個人的借貸行為稱為「貸款」。

　　提到「借款」,一般人的印象都不好。不過,不少理財書**將借款分成「可以借的錢**(好的借款)**」和「不可以借的錢**(不好的借款)**」**。

◆可以借的錢
・房貸
・不動產投資

◆不可以借的錢

- 銀行的現金卡貸款、消費者金融貸款和循環信用（請參閱第二十七名的說明）**等高利率貸款**
- **不會生錢的奢侈品**（高級汽車等）

> ◉現金卡貸款……由銀行、信販公司、消費金融公司針對個人提供的融資服務。與信用卡借款不同，這是專為借錢開發的商品。
>
> ◉消費者金融貸款……消費金融業者。過去稱為「上班族高利貸」，以個人融資為主。利率較高（依貸款金額，年利率15～20%），審查速度很快。

房貸屬於「可以借的錢」，房貸的主要特性是可借到「低利率」的錢。根據二〇二三年五月的資訊，有些金融機構提供的房貸利率為0.32%。利用低利貸款形成資產，正是理財書作者的主張。

「之前提過，以二十年的期間實踐我的投資法，平均可獲得6%以上的投報率。將買房的錢拿去投資，再借房貸買房子，如此一來，就能從房貸利率和投資報酬率賺取利差。假設房貸利率為1%，與我的投資法有5%的利差，這就是投資利益。」（厚切傑森《傑森流金錢增加法》／PIA）

此外，由於借錢可以生錢，因此有些作者認為不動產投資是可以借的錢。

「借房貸買一億日圓的不動產物件，假設房租收入為每月一百萬日圓，房貸還款每月五十萬日圓，姑且忽略其他細項，手邊剩下五十萬日圓。」（略）

　　借錢買房就是這麼一回事。」（泉正人《金錢的重要故事》／WAVE出版）

　　也有作者認為無論原因為何，都不可以借錢。「就算利率很低，借錢就是要付利息，這一點不會改變。」**不要付利息，將錢拿去投資才是正確選擇**。

1 借錢要謹慎

　　理財書作者一致同意「借錢一定要謹慎」。

　　「借錢的理由各有不同，還款比借錢難上千百倍，各位務必記住這一點。借錢一定要謹慎。如果胡亂借錢，日後還錢會變成極大負擔。」（大衛·比安奇《父親教導13歲兒子的金融入門課》／日本經濟新聞出版）

◆借款的注意事項

- 建立做得到的還款計畫。
- 不過度借貸。
- 為了避免還款困難，買房務必準備至少房價一到兩成的頭期款。
- 有借一定要還。
- 不借超出能力範圍的錢。

2 從利息決定還款的先後順序

若從多家金融機構借錢,務必先從消費者金融貸款等,利率較高的還起。

若不先還高利率借款,債務很可能像滾雪球般不可收拾。

「消費者金融貸款的利率最高,根據七二法則,其膨脹速度比任何借款快兩倍,是首要處理的危機。當你揹上利率10～20％的借款,就不可能投資或儲蓄。」（沈慧卉、梁宏峻《改變看錢心態,最快積累千萬資產的財務自由實踐版》／方言文化）

關於「七二法則」,請參照第十一名「借助『複利力』增加財富」。

No.16 投資股市 從「收集資訊」做起

> **Point**
> 1 緊盯決算書的數字變化
> 2 網路資訊不可輕信

投資股票時一定要**充分收集投資對象的資訊**。

舉例來說，股票低買高賣就能賺錢。預測股價下跌或上漲時，一定要注意公司資訊和社會狀況。

1 緊盯決算書的數字變化

該從何處收集哪些資訊？在此介紹參考例子。

(1) 決算書

公布在各公司官網，可從中掌握公司業績狀況。

「無須熟讀詳細數字，只要和過去對比，找出借款增加等營業變化，思考發生變化的原因。」（泉美智子《如今早已問不出口的投資基本觀念》／朝日新聞出版）

(2) IR資訊

IR是「Investor Relations（投資人關係）」的簡稱。企業針對股東和投資者，提供經營狀態、業務狀況、未來展望等資訊的服務。多

數企業會在官網的「給投資者」、「IR、投資家情報」等頁面公布相關資訊。

（3）《公司季報》（東洋經濟新報社）
　　季報內容包括業績、股市評估、業績預測、業績報導、公司特色等，每年發行四次。
　　「重點確認業績報導，了解業績預測的理由和背景。」（《傳說總編教你重點看公司季報，購買潛力股》山本隆行／東洋經濟新報社）

（4）網路證券公司的官網
　　網路證券公司不只公布股價，還有許多企業資訊。在搜尋頁面輸入想找的股票名稱或股票代碼（每檔股票都有自己的四位數代碼），就能找到企業相關新聞、業績和股東優惠等資訊。

2 網路資訊不可輕信

　　有作者建議透過社交平台「X」收集新聞。
　　「X推播新聞的速度最快，靠的是口耳相傳的力量。（略）
　　由於這個緣故，基本上我只從X收集新聞。」（cis《主力的思維：日本神之散戶cis，發一條推特就能撼動日經指數》／樂金文化）

　　不過，有些網路訊息的出處不明確，**除非確定消息屬實，否則不要輕信。**

No.17 發展職涯增加收入

> **Point**
> 1 投資自己,增加「自己」的價值
> 2 透過工作提升自己的價值

約兩成理財書主張**「首先要發展職涯**(提高自身能力,累積經歷)**或提升工作能力**(提高能力和技術)**,增加收入」**。

收入高低深深影響財務寬裕度。賺錢能力稱為「人力資本」。增加人力資本,就能提高未來收入。

1 投資自己,增加「自己」的價值

(1)二、三十歲年輕力壯的時期一定要工作賺錢

理財書鼓勵讀者**年輕時一定要「工作」**。從事金融投資需要本錢。

「現在二、三十歲的年輕人,與其透過投資增加資產,增加工作收入的『CP值』最高。」(水瀨KEIICHI《財富愈醒愈多》/FOREST出版)

(2)花錢考取證照,提升自己的職涯

提升職涯最重要的是,在投資金融商品之前,**要先投資自己**。考取證照,提高自己工作的專業性,培養必要知識與能力。

「美國學生願意貸款念MBA或取得博士學位，有了學位，無論能力高低都能增加薪水。每家日本企業都有人事考核制度，透過績效考核系統評估員工薪資。」（橘玲《新版 撿黃金羽毛，變成有錢人》／幻冬舍）

2 透過工作提升自己的價值

有些理財書不只鼓勵讀者「工作賺錢」，更鼓勵讀者「以提升個人價值為目標辛勤工作」。

「提升個人價值不僅能帶來財富，還能帶來錢以外的價值。此處所說的價值包括①技能、經驗等實用性價值；②共鳴、好意等內在價值；③信賴、人脈等關係的社會價值。」（佐藤航陽《金錢2.0新經濟的規則與生存之道》／幻冬舍）

No.18 「稅金知識」改變存錢方法

Point

1. 注意自己付了多少稅金和社會保險費
2. 可以扣除的項目一定要扣除

第十八名為「『稅金知識』改變存錢方法」。

◉稅金……用來支付年金、醫療等社會保障與福利，整備自來水、道路等社會資本，教育、警察、防禦等公眾服務的費用。

1 注意自己付了多少稅金和社會保險費

每位勞工都要因應收入，支付相對應的稅金。

上班族每個月都要從薪水扣除一定稅金（源泉徵收稅）。日本的源泉徵收稅類似於台灣的所得稅代扣，由公司發薪水時預先扣除稅金，繳納給稅務署（國稅局）。

由於薪水先扣除稅金再匯入員工帳戶（員工無須自行繳稅）**，因此一般人沒有納稅的感覺，但繳納的稅金絕非小錢。**

以年收入三百萬日圓為例，實際匯入戶頭的薪水約為兩百四十

萬日圓，約六十萬日圓是預繳的稅金和社會保險費。各位一定要清楚這一點。

稅理士出口秀樹在著作《知道賺到的稅金解說書》（三笠書房）如此說道：
「**不清楚自己繳納多少稅金懵懂度日，很可能在不知不覺間承受損失。**（略）**了解自己負擔的稅金以何種方式計算，就能掌握節稅之道。**」

日本的稅金有四十多種，分成支付給國家的稅金（國稅），和支付給自己住的都道府縣或市町村地方政府的稅金（地方稅）。各位一定要了解，切身相關的稅金為以下兩者：

（1）所得稅
所得稅是國稅。稅率固定，課稅所得愈高（從總收入扣除成本後的稅金。計算方式後述），稅率愈高。課稅所得乘上稅率，扣除必要經費後，就是每個人要繳的稅。

日本所得稅的計算方式

・所得稅額＝課稅所得×稅率－扣除額
　　例）課稅所得500萬日圓的所得稅額為
　　　　500萬日圓×20％－42萬7500日圓＝57萬2500日圓

課稅所得與稅率、扣除額一覽

課稅的所得金額	稅率	扣除額
1,000～1,949,000日圓	5%	0日圓
1,950,000～3,299,000日圓	10%	97,500日圓
3,300,000～6,949,000日圓	20%	427,500日圓
6,950,000～8,999,000日圓	23%	636,000日圓
9,000,000～17,999,000日圓	33%	1,536,000日圓
18,000,000～39,999,000日圓	40%	2,796,000日圓
40,000,000日圓以上	45%	4,796,000日圓

※關於二〇一三到二〇三七年，各年分報稅時必須合併所得稅與復興特別所得稅（原則上為該年度基準所得稅額的2.1%）一起申報、繳納（引自日本國稅廳官網）。

（2）住民稅

住民稅是地方稅。原則上無論所得多少，稅率一律為10%。

住民稅的計算方式

住民稅額＝所得×10%

投資股票獲得的利益也要繳稅，所得稅15%、住民稅5%。二〇三七年十二月底為止，還要加上復興特別所得稅0.315%，總計20.315%。善用NISA等制度，可免除上述稅金。

※編註：NISA是日本獨有的少額投資免稅制度。

2 可以扣除的項目一定要扣除

善用「所得稅扣除額」是理財書介紹的節稅方法之一。

日本上班族的課稅所得計算方式如下，扣除額愈多，課稅所得愈少，需要繳納的稅金就會變少。

> **課稅所得的計算方式**
> - 課稅所得＝所得－扣除額
> - 薪資……底薪加上加班費等津貼和獎金。
> - 薪水……底薪。有時也代表薪資之意。

主要的扣除額如次頁表格所述。

日本上班族根據所得稅法規定進行年終調整時，應備齊資料向公司提出，完成手續。

此外，「醫療費扣除額」、「捐款扣除額」、「雜損扣除額」必須由納稅義務人申報。亦可從日本國稅廳官網申報繳稅。

主要扣除額一覽表

基礎扣除額	從合計所得金額中,因應所得扣除的額度。
配偶扣除額	有配偶者可以扣除一定金額。不過,須符合每年合計所得金額低於48萬日圓,薪資收入低於103萬日圓等條件。
配偶特別扣除額	若配偶所得超過48萬日圓,不適用配偶扣除額時,適用此項目。
扶養扣除額	扶養親屬者適用。
身心障礙者扣除額	自己、配偶或扶養親屬符合所得稅法規定的身心障礙者時,可扣除一定金額。
社會保險費扣除額	支付自己、配偶和其他親屬的社會保險費時,可以扣除。
捐款扣除額	捐款給國家、地方政府、特定法人與團體時,可從所得扣除「捐款金額(或該年總所得金額等40%的額度,擇較低者扣除)-2000日圓」。
醫療費扣除	支付一定額度以上的醫療費時可以扣除。生產費用和準分子雷射原位層狀角膜塑形術費用也能扣除。
雜損扣除額	可扣除因天然災害或偷盜蒙受損失之金額。
人身保險費扣除額	支付一定保費給民間保險公司時可以扣除。
地震保險費扣除額	可依支付的地震保險費扣除規定金額。
小規模企業共濟等提撥金扣除額	小規模企業共濟是自雇者或個人事業主在歇業或退職時,適用的退職金制度。可全額扣除。

※扣除細節請上日本國稅廳官網確認

Column 4

提早退休不是夢？「FIRE」的觀念

一百本理財暢銷書中，有三本日文書名與「FIRE」有關。分別是：

《年收三百萬日圓FIRE》（山口貴大【獅子兄】／KADOKAWA）

《改變看錢心態，最快積累千萬資產的財務自由實踐版》（沈慧卉、梁宏峻／方言文化）

《給真心想操作FIRE的投資人　資產形成入門書》（穗高唯希／實務教育出版社）

> ●FIRE……「Financial Independence, Retire Early」的簡稱。
> 　Financial＝經濟的
> 　Independence＝獨立
> 　Retire＝退休、退職
> 　Early＝提前
> 意思是「經濟獨立，提前退休」。存下一筆錢，提早辭去工作，利用投資收益生活。這是美國近年愈來愈普及的生活方式和觀點。

FIRE提倡的「經濟獨立」是什麼？

《年收三百萬日圓FIRE》（山口貴大【獅子兄】／KADOKAWA）做出以下定義：

「只依靠拿自己的儲蓄和收入投資，獲得的定期被動收入（投資收益）生活的狀態。」

總而言之，存下一筆錢，提前辭職，靠投資收益支付生活費的觀念就是「經濟獨立」。

簡單計算如下：

「假設每月生活費為20萬日圓，一年為240萬日圓。投資6000萬日圓，每年獲得5％的配息，一年可得300萬日圓。扣掉稅金20.315％，約為240萬日圓」（大河內薰、若林杏樹《請教我存不了錢也無須為錢煩惱的方法！》／SANCTUARY出版）

為了實現「FIRE」的生活方式，應建立資產，投資理財，累積一定程度的財富（以每年支出的25倍為基準）。累積足夠的錢之後退休，靠手邊資產生活。

一邊投資一邊靠收益生活時，應遵守「百分之四法則」，就能在不動用資產的狀況下，靠投資利益生活（「百分之四」的說法有好幾種，有一說是從資產拿出的費用比率，有一說是投資收益）。

百分之四法則是根據一九八九年美國三一大學的研究結果，發展出來的理財法則。此研究的結論是「若資產的百分之四足以支付一整年的生活費，在百分之九十五的情況下，手邊積蓄可以維持三十年以上的生活。」（《改變看錢心態，最快積累千萬資產的財務自由實踐版》（沈慧卉、梁宏峻／方言文化）。

想實現FIRE的生活方式，請務必好好工作・同時累積資產。

Part.3

若不想吃虧，一定要知道的十大重點

排行榜第19〜28名

No. 19 靠「自己的大腦」思考並做最後決定

Point

☑ 不能照單全收銀行或證券公司的投資建議

第十九名是「靠『自己的大腦』思考並做最後決定」。

收集資訊是投資的重要關鍵，但最後還是要**由自己仔細思考後，做出決定**。

◆決定投資的注意事項

（1）不能照單全收銀行或證券公司的投資建議

不少理財書作者提醒讀者，「不要輕信金融機構的人說的話」，並強調：

・**不能照單全收銀行或證券公司的投資建議。**

・**不要被證券公司的宣傳話術蒙蔽。**

為什麼不能輕信金融機構的人說的話？

因為金融機構的職責是「販售金融商品，增加自己的利益」。

可以肯定的是，金融機構絕對不想「讓投資人損失」，但金融機構想賣的商品（金融機構可以賺到錢的商品），與投資人想買的商品未必相同。

被譽為世界名著的《投資終極戰》（查爾斯・艾利斯／大牌出版）如此寫道：

「關注證券公司與投資信託公司的負責人，通常他們都很出色。但他們的工作不是讓你賺錢，而是從你身上賺錢。」

Rheos Capital Works的董事長兼社長與最高投資負責人藤野英人，在其著作《投資家有比「金錢」更重要的事》（星海社）如此說道：

「大型投資理財公司的負責人是上班族，操作資金時承受著上班族的風險。簡單來說，比起增加客戶的財富，他們是以『怎麼做才不會被老闆罵』的觀點操作資金。」

（2）投資自己了解的商品
只投資自己的大腦能理解的商品。

「投資自己不懂的事業，或是投資最能捍衛黃金的人否定的標的，這樣的投資人絕對會離黃金愈來愈遠。」（喬治・山繆・克拉森《巴比倫致富聖經》／三采）

（3）做決定時不能只聽別人意見
無論是從報紙、新聞收集的消息，或是信任的人說的話，都要先質疑再求證，這一點很重要。投資是自己的事，**最終要由自己做決定**。

No.20 想成為有錢人就要「學習理財」

> **Point**
> ✓ 投資要訣：學習學習再學習

許多理財書主張，「學習」是增加財富、成功投資的重要關鍵。

「許多人不知道如何處理金錢，因此吃了很多苦頭。為了避免走冤枉路，各位一定要儘早學習金錢知識。」（博多・薛弗《小狗錢錢》／遠流）

為什麼學習金錢知識如此重要？統整理財書作者提出的「必須學習金錢知識的理由」如下：

- **金錢知識決定人生。**
- （為了學習）**投資自己的報酬最高。**
- **成功人士勤學不輟，持之以恆。**
- **不學習就留不住錢。**

經濟評論家勝間和代在著作《錢不要存銀行》（商周出版）如此描述：

「金融市場非常公平，勤於學習的人一定會有回報。（略）讓金融知識站在自己這一邊，好好運用知識，就能有效操作自己的資產。」

關於「應該要學習的金錢領域」與「學習方法」，統整理財書作者意見如下：

◆想成為有錢人一定要學習以下知識

儲蓄、投資、保險、年金、住宅、繼承、稅金、會計、法律

◆學習方法

- 閱讀闡釋「金錢基礎知識」的書籍。
- 閱讀有錢人寫的書。
- 參加理財講座。
- 報考或申請就讀專業學校，學習金錢知識。
- 從事可學到金錢知識的工作。

通常學習金錢知識需要花錢，知名理財學院Financial Academy代表泉正人強調「投資自己很重要」。

「我認為沒有比投資自己更便宜的投資，投資三十萬日圓學習的人，與什麼都沒做就虧好幾百萬的人差異甚鉅。因此，首要之務就是學習。」（《金錢的重要故事》／WAVE出版）

No.21 選擇「適合自己」的金融機構

Point
☑ 盡可能降低投資成本

　　購買股票、投資信託、國債等金融商品時,必須在金融機構(證券公司、銀行、郵局等)開戶。應該選擇哪一種金融機構才好?

　　證券公司與銀行可以購買國債和投資信託,但股票只能透過證券公司購買。

◆購入「國債」時,選擇金融機構的重點
- 每家金融機構販售的國債價格皆相同。
- 有些金融機構推出**申購優惠**(現金回饋等)。

◆購入「投資信託」時,選擇金融機構的重點
- 未提供網路服務的證券公司和銀行,**可臨櫃或打電話洽詢**。不過,對方可能藉機推銷商品。
- **證券公司販售的商品種類比銀行多**。
- 臨櫃交易的**手續費較高**。
- 提供網路交易的證券公司是目前主流。
- 提供網路服務的證券公司,**讓客戶可在自己方便的時間交易**。

◆選擇網路證券公司的重點

許多理財書推薦網路證券公司,選擇網路證券公司時須注意以下三大重點:

(1) 手續費是否便宜

若是股票,無論在哪一家證券公司購買,價格皆相同。不過,買賣股票的手續費則依證券公司而異。

(2) 理財工具和手機應用程式是否好用

網路證券公司的理財工具和手機應用程式的畫面呈現與功能各有不同,請務必實際瀏覽試用,選擇方便好用的公司。

(3) 商品種類是否豐富

每家證券公司販售的商品不同。

以下三家日本網路證券公司受到多本理財書推薦:

樂天證券	畫面操作淺顯易懂,還能累積樂天點數。
SBI證券	手機應用程式方便管理,匯兌手續費便宜。
Monex證券	販售的個股(企業股票)數量很多。

開設帳戶毋需任何費用,若自己喜歡的證券公司超過一間,又不知該如何選擇,不妨都在這些公司開戶,藉此比較系統好用度,收集各家公司的市場資訊。

No.22 現在立刻行動！

> **Point**
> ✓ 從小額開始投資金融商品

「做就對了。」
「先嘗試看看。」
「重點在於是否能立刻付諸行動。」
「愈快愈好。」
雖然用詞不同，但理財書作者都建議**「現在立刻投資」**。

愈早投資愈好的理由有以下三點：

(1) 讓「時間」為你工作

由於發揮複利效果（請參閱第十一名的說明）的緣故，投資時間愈長，愈容易累積財富。從人生中最年輕的「這一刻」開始投資，就能拉長投資期間。

「你擁有的最有價值資產是時間。愈早投資，愈能創造高績效。與其年紀大了再投入一大筆錢投資，不如從年輕時小額投資，更容易存下錢。」（彼得・林區、約翰・羅斯查得《彼得林區：學以致富》／財信出版）

（2）股價持續上揚

身為專業投資者超過三十年的KABU1000在著作《存款40萬日圓投資股票變成4億》（鑽石社）寫道：**「從歷史上來看，股價呈現持續上漲的趨勢。」**

日本股市的整體市值也是相同結果，最近十年上漲超過兩倍。愈早投資，愈能享受股價上漲的紅利。

（3）可以累積經驗

凡事最重要的是經驗。投資有時成功，有時也會不順。愈早開始投資，就能累積愈多經驗。

無論何事，「開始」都是令人卻步的。

但若不開始，永遠不知結果如何。**花費心力學習「增加財富」的知識卻不實踐，根本無法形成資產**。讀書並學會基礎知識後，不妨開始投資。

理財書建議**最初先從小額開始**。

有些網路證券公司可以定期定額的方式購買投資信託，只要一百日圓就能申購。

No.23 降低風險可從「國債」做起

> **Point**
> ✓ 即使是「機動十年」，利率也會跟著物價調整

許多理財書介紹「國債」是「低風險」、「安全」和「不虧本」的金融商品。

「我認為若各位不希望虧本，國債是不錯的選擇。」（小林義崇《請問一下，什麼是利息？》／Sunmark出版）

國債是國家發行的債券。債券是國家和企業為了調度資金發行的商品，屬於借款證明書的一種。國債是「國家的借款證明書」，購買國債可以想成投資國家。

許多國家發行國債，一般在日本提到國債，指的是由日本政府發行的國債。國債持有日銀、民間銀行、生保、損保、年金基金等，個人也能購買。

個人可以買的國債分成「新型窗口販售方式（新窗販）國債」與「個人國債」，兩者最大的差異是，新窗販國債最低一口五萬日圓，個人國債最低一口一萬日圓，額度較低。

多本理財書推薦後者，也就是個人國債。個人國債分成三種：

個人國債的種類

種類	機動十年	固定五年	固定三年
滿期	10年	5年	3年
利息種類	機動利率	固定利率	固定利率
利率(年率)範例	0.28% 首次操作利率	0.09%	0.05%

◆個人國債的優點

・可從一口一萬日圓少額購入。
・保證最低年利0.05%。
・保證本金。
・持有超過一年即可換成現金。

◆個人國債的缺點

・投報率比股票低。
・在滿期前換成現金，獲得的利息變少。
・與存款不同，換成現金的手續較為複雜。

　　理財書建議購買**「機動十年」**國債，原因是利率會隨著全球利率變動而調整。以二〇二三年五月二十五日的資訊為例，國債利息比保本的銀行定存高。簡單來說，國債的儲蓄效率比定存好。

No.24 鎖定配息和股東優惠

> **Point**
> ✓ 股票投資的魅力不只是漲價利益

股票投資（買賣企業發行的股票，藉此獲利）的魅力為以下三點：

（1）漲價利益
當股票在購入後上漲，賣掉就能賺取價差。

（2）配息
公司將部分利潤分配給股東。

公司利潤增加，配息就會增加（增配）；公司利潤減少，配息也會減少（減配）；業績惡化就沒有配息（無配）。此外，有些股票原本就不配息。

配息較多的企業股票稱為「高配息股」，連續幾年配息增加的股票稱為「連續增配股」。

理財書作者建議，利用配息增加資產。

「**定期購入股票**（個人鎖定高配息股、連續增配股），**就能累積相對應的配息。**」（穗高唯希《給真心想操作FIRE的投資人　資產形成入門書》／實務教育出版社）

（3）股東優惠

為了鼓勵投資人了解企業的業務內容，支持公司發展，企業以優惠方式提供股東自家商品與服務。因應股東的持有股數，給予餐券、商品券和折價券等。

想要領取股東優惠，必須在確定權利的基準日（可獲得股東優惠和配息之權利）之前，成為股東名簿登記在案的股東。簡單來說，必須在基準日兩個營業日前購買股票，才能符合資格（例如3月31日星期四為基準日，則必須在3月29日星期二買股）。

No.25 外幣儲蓄特有的風險

> **Point**
> ☑ 事先掌握匯率變動的風險和手續費

聽到存款二字，大家總以為沒有風險，事實上「外幣存款」需承擔「匯率變動風險」。簡單來說，匯率是「交換貨幣」的行為，交換比率（匯率行情）隨時都在變化。

外幣存款指的是將日圓換成美元或歐元等「日幣以外的外國貨幣」，並存在戶頭裡。

一般而言，外幣存款分成「外幣定期存款」和「外幣活期存款」。

◆外幣存款的特性
・將日圓換成外幣後存進銀行戶頭。
・若日圓匯率比存款前低（日圓貶值），對存戶有利。
・匯率變動可能虧損。
・基本上是用日圓換外幣，因此需支付手續費。
・非存款保險制度的對象，若存款銀行破產，存款可能不保。
・以外幣計息。

日後將外幣換回日圓時,若匯率比存款時低(日圓貶值),可賺取匯差(因匯率變動賺取的利益)。匯率指的是「一美元兌一百日圓」等,交換貨幣的比率。相反的,日圓匯率升值就會產生匯損(損失)。

外匯存款的獲利機制

例)假設在1美元=100日圓時存1萬美元
　　(換算成日圓:100日圓×1萬美元=100萬日圓)

↓

假設在1美元=130日圓時提出存款(日圓貶值)
　　(換算成日圓:130日圓×1萬美元=130萬日圓)

=

受惠於匯率變動　30萬日圓＋利息(利率)
※匯差和利息要課稅。

操作外幣存款時要注意以下兩大重點:

(1)了解風險和手續費

外幣存款的特色是利率比日圓存款高,各家銀行針對各種外幣的存款期間,提供不同利率。

以住信SBI網路銀行的外幣定存為例,一年期美元為4.6％、歐元2.4％、加元3.7％、南非幣5.6％(二〇二三年五月二十五日的資訊)。

另一方面,外幣存款需支付匯兌手續費。

> ●換匯手續費……每次用日圓交換美元等外幣時,都需支付的手續費。

除了支付換匯手續費外,無法一概而論哪種外幣較強。因此在開始存外幣之前,務必充分理解匯兌機制。

(2)深受匯兌行情影響

由於外幣存款需承擔匯率變動的風險,因此一定要特別注意匯兌行情。

話說回來,如果只投資日本債券或股票,是否就與國外匯兌毫無關係?

事實上,匯率對國內企業股價影響甚深。

接下來,一起了解「日圓升值」和「日圓貶值」。

日圓貶值與日圓升值

- 日圓貶值……日圓價值下跌

  例)1美元＝100日圓 ➡ 1美元＝200日圓

  (之前可用100日圓買到,現在沒有200日圓買不到→日圓價值下跌)

- 日圓升值……日圓價值上漲

  例)1美元＝100日圓 ➡ 1美元＝80日圓

  (之前用100日圓買到,現在只要80日圓即可→日圓價值上漲)

當日圓貶值，出口到國外的商品變得便宜，業績蒸蒸日上，出口企業賺錢。外國觀光客湧入日本，零售業的業績增長。

當日圓升值，進口商品賣得便宜，業績亮眼，進口企業股價上漲。致力於出口事業的公司，由於在當地販售商品的價格比以前高，業績衰退，股價呈下跌趨勢。出國旅遊費用降低。

即使不存外幣，外匯仍深深影響日本企業的股價和日常生活，因此各位一定要注意匯兌行情。

No.26 FX是高風險高報酬的投資工具

Point
☑ 投資新手最好別碰FX

不少理財書籍提及「FX」，FX究竟是什麼？

> ◉FX……「Foreign Exchange（外匯）」的簡稱。亦稱為「外匯交易」。

外匯交易是透過交換、買賣不同國家貨幣，利用匯率變動賺取匯差的商業模式。基本的獲利機制是「日圓升值時買外幣，日圓貶值時賣外幣」。

舉例來說，在日圓升值美元貶值的狀況下買進美元，接著等日圓貶值美元升值賣掉就能賺取價差。

只要研究匯率變動的趨勢和動向，巧妙運用就能賺錢。

FX利用「匯率差異」賺錢

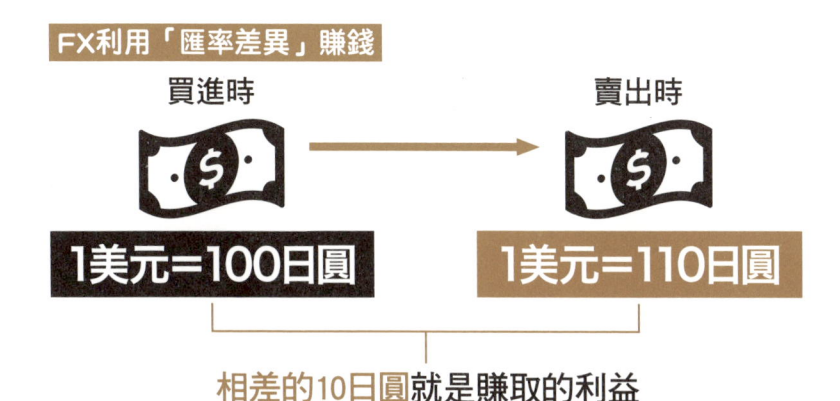

買進時　1美元=100日圓　　賣出時　1美元=110日圓

相差的10日圓就是賺取的利益

◆**FX的主要特色**

FX的主要特色為以下三點：

（1）24小時都能交易

日本股市只能在規定的營業時間交易。

但不只東京有FX（外匯）市場，紐約、倫敦、雪梨等世界各國主要城市也有，平日二十四小時都能交易。好處是投資人可配合自己的生活型態，早上夜晚都能交易。

不過，外匯市場並非只有好的一面。有些理財專家半夜也要緊盯市場行情，導致精神耗弱。

「我發現不只擔心損益，還會耗費精神的投資行為無法永遠持續下去，於是下定決心脫離外匯市場，正式進入股市。」（穗高唯希《給真心想操作FIRE的投資人　資產形成入門書》／實務教育出版社）

(2) 可發揮最大二十五倍的槓桿效果

從事外匯交易必須先放一筆保證金（交易需要的資金）在外匯公司的戶頭，交易時可利用「槓桿」。槓桿的英文是Leverage，只要施加較小的力量就能移動較大的物體。

外匯交易的槓桿最大可開至保證金的二十五倍，假設保證金為一萬日圓，交易金額可達二十五萬日圓。簡單來說，可以用一筆小錢從事鉅額交易。

> **何謂槓桿**
>
> 例）假設交易一萬美元（1美元＝100日圓）
>
> ・無槓桿
> 1萬美元　　➡需要100萬日圓資金
> 　　　　　　（1萬美元÷100日圓＝100萬日圓）
>
> ・25倍槓桿
> 1萬美元　　➡存入4萬日圓保證金即可交易
> 　　　　　　（4萬日圓×25倍＝100萬日圓）

外匯的魅力是以小博大，但也有風險。

> **外匯交易的槓桿機制**
>
> 外匯的交易單位為「一手」（Lot），一手可以是「1000貨幣」，也可以是「一萬貨幣」，規範各有不同。
>
> 　舉例來說，美元1000貨幣➔1000美元
> 　　　　　　美元1萬貨幣　➔1萬美元
>
> ---
>
> 例）當匯率為1美元＝100日圓，以4萬日圓保證金買100萬日圓，亦即1萬美元（槓桿為25倍）。
> - 當匯率貶值1日圓……1日圓×1萬貨幣＝賺1萬日圓
> - 當匯率升值1日圓……1日圓×1萬貨幣＝虧1萬日圓

　原本想以四萬日圓為本金賺錢，沒想到一眨眼的工夫就虧了三萬日圓，這是常有的事情。

　由於這個緣故，外匯被稱為「高風險、高報酬」的交易行為。

（3）「換匯交易」是利用匯差的衍生性金融商品

　換匯交易通稱「SWAP」，透過兩國匯兌的利差獲取利益。

　通常在外匯市場賣出低利貨幣、買進並持有高利貨幣時，可以賺取利差。

　但若賣出的貨幣利率比買進高，就必須支付利差。

買進高利貨幣時可執行換匯交易

例）假設美國利率為3.744%、日本利率為0.405%

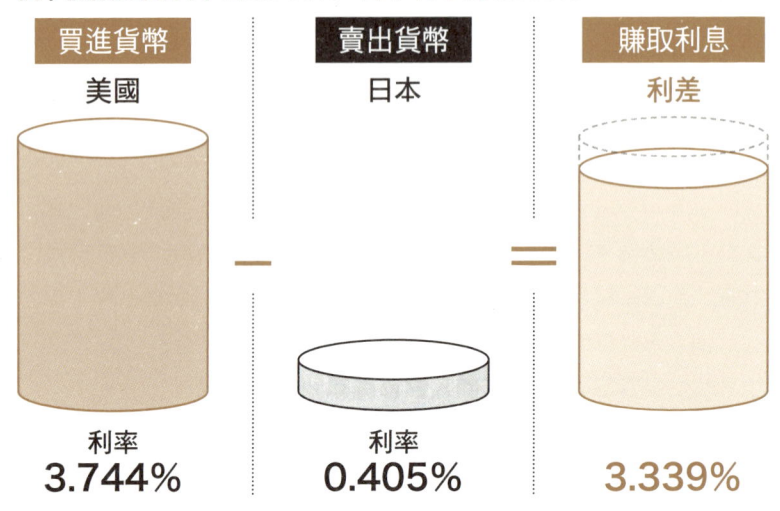

買進貨幣	賣出貨幣	賺取利息
美國	日本	利差
利率 3.744%	利率 0.405%	3.339%

◆投資新手操作外匯的風險

　　有些投資專家在書中建議「操作外匯賺錢」，但半數作者認為「投資新手最好別碰外匯」。

　　記者池上彰在著作《想教給20歲的自己的金錢知識》（SB Creative）中鐵口直斷：

　　「賭對確實大撈一筆，但失敗就會傾家蕩產，外匯不是投資新手該碰的金融商品。」

　　由於外匯是高風險高報酬的投資，**在尚未充分理解之前，絕對不要碰**。

◆從事外匯交易的注意事項

清楚上述風險後，仍決定從事外匯交易的人，不妨先從提高保證金，購買少量外幣的**「低槓桿策略」**做起。

專業交易員二階堂重人在著作《世界上最容易理解的股價圖表實踐手冊　剝頭皮交易篇》（ASA出版）中如此說道：

「**不懂操作的人開大槓桿，資金只會愈虧愈多。**（略）

外匯新手務必從低槓桿開始交易，等到交易技巧成熟後，再慢慢開大槓桿。」

投資新手千萬別碰外匯交易。

若真的要投資，不只要熟悉外匯市場，也要充分掌握國際情勢、國際經濟和日本經濟。最重要的是，從低槓桿開始做起。

No.27 信用卡的優缺點取決於「使用方法」

> **Point**
> ✓ 基本上一定要全額付清。注意扣款銀行的餘額是否足夠

第二十七名是「信用卡的優缺點取決於『使用方法』」。

許多理財專家頻頻提醒讀者，一定要注意信用卡的使用方法。例如不可使用循環信用、每次都要繳清帳單、生活費一律使用現金。

> ●信用卡……購買商品時，以信用卡取代現金，是一種先享受後付款的支付方式。十八歲以後，無須父母同意皆可申辦。

信用卡的運作機制如下：
・持卡人（消費者）到加盟店（與信用卡公司簽約的商家和銀行等）刷信用卡，購買商品與服務。
・信用卡公司代墊商品與服務費用，支付給加盟店。
・加盟店支付手續費給信用卡公司。

信用卡的運作機制

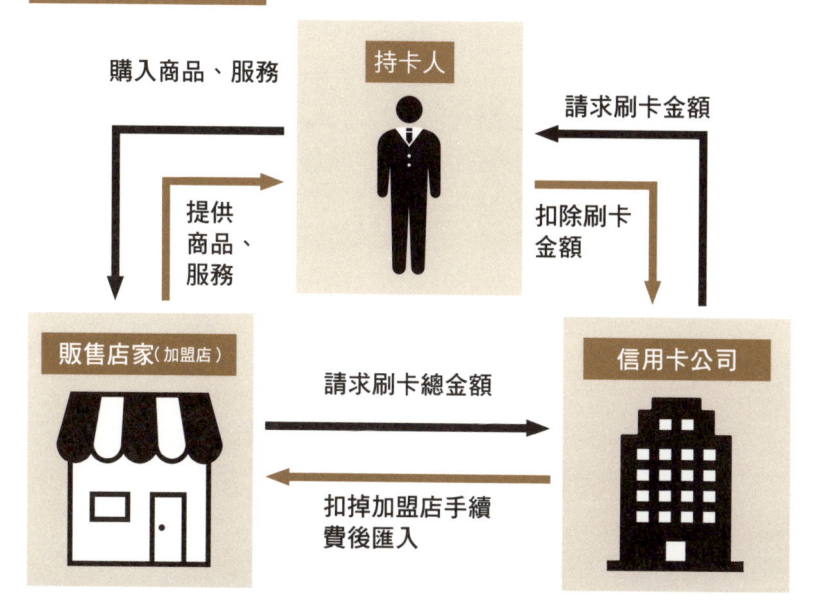

持卡人 → 購入商品、服務 → **販售店家（加盟店）**
販售店家（加盟店） → 提供商品、服務 → **持卡人**
信用卡公司 → 請求刷卡金額 → **持卡人**
持卡人 → 扣除刷卡金額 → **信用卡公司**
信用卡公司 → 請求刷卡總金額 → **販售店家（加盟店）**
販售店家（加盟店） → 扣掉加盟店手續費後匯入 → **信用卡公司**

◆信用卡的優點

信用卡主要有以下三大優點：

（1）沒有現金也能購物

沒有現金也能購物，信用卡公司會在下個月寄帳單請款，每月請款一次。**雖然時間不長，但此消費模式等於是持卡人向信用卡公司借錢。**

（2）所有花費都有紀錄，容易管理家計支出

可上網確認所有花費紀錄，無須手動記帳，省時省力。

（3）賺取紅利點數

　　紅利點數可當現金使用。不過，千萬不能因此就刷信用卡買不需要的東西，浪費金錢。

　　理財專家建議使用信用卡支付以下商品（服務）費用：
・水費
・瓦斯費
・電費
・電話費

　　根據付款項目，刷信用卡可以賺取紅利點數，這一點與銀行扣款和拿帳單臨櫃繳費不同。

◆使用信用卡的三大注意事項

　　雖然信用卡方便好用，但許多理財專家特別強調使用時注意以下三點：

（1）每次都要繳清帳單

　　許多理財專家特別提醒讀者，一定要注意信用卡的繳款方法。
　　日本常見的繳款方法共有四種：

信用卡常見的繳款方法

・隔月一次付清

在購入商品的隔月一次付清帳單,無須支付手續費。

※編註:台灣的信用卡以結帳日及繳款截止日為準。

・以紅利點數一次付清

在購入商品的隔月,以紅利點數一次付清帳單,無須支付手續費。

・分期付款

決定分期期數,分幾次付清款項。因應金額與支付次數,需支付手續費。

例)購買十萬日圓的電腦並分十期繳納,必須支付電腦費用加上手續費的總額。總額除以十期就是每期要付的金額,付完十期即繳清帳單。

・循環信用

每月只付自己想付的金額,無論用多少次循環信用與額度,每月繳付的金額幾乎相同。需支付手續費,依餘額計算。

例)購買十萬日圓的電腦,每月只付一萬日圓(循環信用)。下個月買五萬日圓的大衣,同樣支付一萬日圓(循環信用),但清償的期限會拉長。

在上述四種繳款方法中,**理財專家建議「一次付清」**。原因包括分期付款需支付手續費,**信用卡的手續費很高**等。

手續費因信用卡種類而異，一般是12〜15%。

以手續費15%，每月支付五千日圓清償價值十萬日圓的商品（循環信用）為例，支付總額會達到十一萬三千日圓到十一萬六千日圓（因信用卡公司的規定而異）。簡單來說，持卡人**最後多付超過一萬日圓，購買十萬日圓的商品。**

分二十期清償十萬日圓的商品（手續費15%），支付總額相差不大。不過，一般而言分期付款支出的總額，會比循環信用低。

前三井銀行（現為三井住友銀行）行員，現為人氣理財專家的菅井敏之，在著作《一輩子不為錢煩惱！ 新版 你猜誰存得比較多？》（ascom）中提及：「循環利率15%實在高得離譜！絕對不可使用。」

全美學生人手一本的長銷書《美國高中生學習的理財教科書》（SB Creative）中，作者安德魯‧O‧史密斯再三提醒：
「接下來我要說的話非常重要，請務必記住。『每個月的信用卡帳單都要一次付清』。遇到緊急狀況另當別論，但平時絕對不能把餘款留到之後再付。」

如果真的無法一次付清，可利用紅利點數一次付清，或分兩次付清（分兩次付清無須支付利息）。

※編註：台灣的信用卡也有零利率分期優惠，但各家銀行規定不一，需自行向發卡銀行做查詢。

（2）最多只申辦兩張信用卡

不少作者認為**信用卡愈多愈好**。

原因在於信用卡愈多，管理起來愈繁雜，還要支付較高年費。話雖如此，如果只有一張信用卡，遺失了只能使用現金，反而不方便。不妨多申辦一張備用，總計兩張信用卡。

有些信用卡免年費，有些則要付年費。年費高的信用卡可享受許多服務和優惠，例如免費使用機場貴賓室、出國旅行的傷害險支付額度較高等。**不妨比較信用卡公司提供的服務和優惠，選擇適合自己的信用卡**。

（3）注意扣款銀行的餘額是否足夠

使用信用卡時，一定要隨時掌握已刷卡額度，確認扣款銀行的餘額是否足夠。

若餘額不足，請務必聯絡信用卡公司，解決付款問題。

若習慣性延遲付款或不斷遲繳，發卡公司很可能收回信用卡。

此外，繳款問題會記錄在金融機構的信用資訊裡，日後若要申請房貸或換發新的信用卡，很可能影響審查結果。

使用信用卡最重要的是規劃刷卡項目，掌握刷卡金額並確認扣款日。

No.28 開始投資美國股市

Point
☑ 可享受經濟成長與股價長期上揚的紅利

一百本理財書中,約一成的書籍推薦投資美股。

● 美股⋯⋯在美國證券交易所上市的股票。

理財書推薦美股的主要理由為以下三點:

(1) 可期待股價長期上揚的紅利

對美股知之甚詳的Tapazou表示:「根據統計,無論何時投資美股,只要持有二十年一定會賺。」(《累積財富 超簡單美股投資術》/KADOKAWA)

「即使短時間遇到股價下跌,只要經濟成長,美股就會反映景氣,長期而言,股價呈現上揚趨勢。」

(2) 在全球市值排行榜名列前茅的大多為美國企業

市值指的是「每股股價×總發行股數」的價值。市值愈高,不只代表業績出色,也反映市場看好企業的成長性,顯示出該企業在股票市場獲得好評。

美國股市上市企業市值排行榜Top 5

1	蘋果
2	微軟
3	NVIDIA（輝達）
4	亞馬遜
5	字母控股

※根據二〇二五年三月資料

　　放眼全球排行榜，沙烏地阿拉伯的國企沙烏地阿拉伯國家石油公司、台灣半導體公司台積電（TSMC）也在榜上，但**名列前茅的大多是美國企業**。

（3）美國經濟成長前景可期

　　美國人口持續增加。人口增加，消費也會增長，經濟榮景可期。

◆**美股的選擇方法**

　　話說回來，美股該如何投資？

　　理財書一致推薦投資全美股票S&P 500等的指數型基金（請參閱第二名的說明）。

　　此外，也有作者認為可分散投資可口可樂、嬌生等超大型連續增配股。不過，現在賺錢的公司不代表未來也會賺錢，各位務必記住這一點。

Column 5

有錢等於幸福？富豪的觀點

　　本書介紹許多「增加財富的方法」，最後統整理財書提及的「金錢」原始角色與功能。

◆追根究柢，錢究竟是什麼？
　　關於「錢的原始角色」，理財書作者的意見大致可分成兩種：

（1）錢是「交換」工具
　　「金錢原本是為了改善以物易物的不便性而發展出來。由於食材很容易腐壞，也不能運送到遠處，必須以有價值的物品作為媒介，完成交易。每個時代有價值的媒介不同，包括貝殼、金屬或紙張。」（佐藤航陽《金錢2.0新經濟的規則與生存之道》／幻冬舍）

　　「錢是『可以用數字代表價值，用來交換物品的媒介』。簡單來說，錢是『價值的交換工具』。」（和仁達也《世界第一想上的金錢課》／三笠書房）

（2）錢是信用
　　「錢是將人的信用具體化的物品。」（川村元氣《億男》／文藝春秋）

　　「錢是信用的媒介。」（井上純一《你的錢消失到哪裡去了？》／KADOKAWA）

◆有錢就會幸福嗎？

錢很重要，但終究只是手段，並非值得你犧牲一切去追求的東西。這是許多理財書一致的意見。

「錢和節約能讓人幸福，但絕不能以此為目的。

這是祖母說的話，也是我現在堅信的觀點。」（原田比香《3千日圓的使用方法》／中央公論新社）

「不是只有提高地位和名聲，賺很多錢才是『幸福』標準。只要是自己可以接受的道路，即使痛苦難熬，堅持走下去也會『幸福』。」（竹內謙禮、青木壽幸《會計天國》／PHP研究所）

◆理財書作者認為的幸福

話說回來，在理財書作者的心目中，什麼是幸福（或成功）？

「大學生問華倫・巴菲特：
『成功的定義是什麼？』
他回答：
『你希望愛你的人確實愛你。』」（瑪麗・巴菲特、大衛・克拉克《看見價值》／先覺出版）

「沒錢到生活窮困確實不幸，但有錢不一定幸福，若不經營人際關係，就不可能感到幸福。」（喬治・山繆・克拉森《巴比倫致富聖經》／三采）

「真正重要的是度過充滿喜悅和幸福，有意義的人生，金錢不過是達成此目的的方法而已。」（安德魯・O・史密斯《美國高中生學習的理財教科書》／SB Creative）

◆獲得幸福的用錢方法

《會存錢的人，為什麼房間都很乾淨？》（黑田尚子／日本經濟新聞出版）介紹英屬哥倫比亞大學伊莉莎白・鄧恩（Elizabeth Dunn）博士的研究「八個幸福的用錢法」，佐證用錢法與幸福的關係。

「①買體驗而不是買物品；②把錢用在他人利益上而非自己；③把錢用在多數的小喜悅，而非少數的大喜悅；④不用錢延長期限或保障；⑤先付費，後享受；⑥回顧購買的物品如何提升生活；⑦永遠不比較已經買的物品；⑧細心注意別人的幸福。」

想獲得幸福，必須善用「金錢」這項工具。衷心希望各位藉由本書，學會好的用錢方法。

附錄

一定要知道的「理財用語」解說集

依日本五十音順序，介紹本書出現的「重要理財用語」。想了解用語意思時，不妨多加參考。

A

主動型基金……Active Fund，Active帶有積極的意思。由基金經理人獨自挑選標的構成的投資信託，可創造超過股價指數（市場平均）的操作成績。【No.2】

ETF……上市型投資信託。和其他股票一樣，在證券交易所買賣的投資信託。【No.2】

指數型基金……指數型基金＝Index Fund。與特定指數如日經平均指數、TOPIX（東證股價指數）、紐約道瓊、S&P 500（後兩者為美國代表性股價指數）等連動的投資信託。通常與連動的股價指數，以相同比例組合同樣標的。由於價格變動趨勢接近特定指數，可創造媲美市場的操作成績。亦稱為「被動型基金＝Passive Fund」。【No.2】

通膨……「通貨膨脹」的簡稱。物價持續上漲，錢的價值下跌。【Column 3】

FX……「Foreign Exchange（外匯）」的簡稱。亦稱為「外匯交易」。日文是「外国為替証拠金取引」。【No.26】

KA

|現金卡貸款|……由銀行、信販公司、消費金融公司針對個人提供的融資服務。與信用卡借款不同,這是專為借錢開發的商品。【No.15】

|股價指數|……呈現整體股票價格動向的指數。例如「日經平均指數」是從代表日本的兩百二十五檔股票計算出的股價指數。S&P 500則是從代表美國的五百檔上市股票計算股價指數。【No.2】

|股票|……為了從其他公司或個人募資而發行的證券(股票)。如今股票已電子化,不發行紙本證券。與向金融機構借錢不同,發行股票無須還錢。
【Column 1】

|換匯手續費|……每次用日圓交換美元等外幣時,都需支付的手續費。
【No.25】

|本金|……購買投資標的的錢。【No.1】

|提前還款|……有別於每月還款,提前還款是在任意時間還一大筆錢的還款型態。每月還款需支付「本金加利息」,提前還款可以提前清償本金,免除已還本金的利息。提前還款可選擇「縮短還款期間」或「減少還款額度」。
【No.6】

|信用卡|……購買商品時,以信用卡取代現金,是一種先享受後付款的支付方式。十八歲以後,無須父母同意皆可申辦。【No.27】

|高額療養費制度|……在醫療機構或藥局窗口支付的醫療費,若一個月(月初到月底)超過一定的上限額,超額部分就由政府支付的制度。【No.7】

|國際分散投資|……不局限於日本國內,將眼光放至先進國家和新興國家等海外標的,分散投資。【No.1】

|固定支出|……每個月固定支出的費用。例如居住費用(房租、房貸)、水電瓦斯費、通訊網路費(手機費、每月定額服務費)、教育費等。【No.3】

附錄
一定要知道的「理財用語」解說集

SA

套牢……購入股票後，若股價下跌低於買進價格，此時賣出就會虧損。為了不虧損而長期持有的狀態。【No.10】

資產……現金、存款、股票、不動產、債券、現金等，「可以換算成金錢的財產」。【No.1】

指數……形成基準的數字。【No.9】

指標……判斷和評估投資時的標準。【No.9】

借款……向別人借錢。借來的錢。【No.15】

上市……由證券交易所審查，核可後可在證券交易所買賣的資格。【No.2】

消費者金融貸款……消費金融業者。過去稱為「上班族高利貸」，以個人融資為主。利率較高（依貸款金額，年利率15～20%），審查速度很快。【No.15】

稅金……用來支付年金、醫療等社會保障與福利，整備自來水、道路等社會資本，教育、警察、防禦等公眾服務的費用。【No.18】

人身保險……泛指死亡保險、醫療保險、癌症保險、學資保險、年金保險等，保險公司販售的所有人身保險商品。【No.7】

停損……股票價格低於購買價時賣掉，確定虧損。【No.4】

TA

單利……每年以相同本金乘利率，計算利息的方法。【No.11】

儲金……將錢存進郵局或農會。【No.14】

儲蓄……儲備金錢。銀行存款即為一例。雖然銀行存款無法大幅增加財富，但可以保障本金，穩定累積資產。需要時方便提領，流動性高。【Column 2】

儲蓄型保險……可因應不時之需，又可為將來儲蓄的保險。部分保費可存下來，滿期（滿期保險金）和解約（解約金）時還能拿回一筆錢。這類保險包括終身保險、養老保險、學資保險、個人年金保險等。【No.7】

通縮……「通貨緊縮」的簡稱。物價持續下跌，錢的價值上漲。【Column 3】

投機……把握「機會（chance）」，以「短期」的價格波動為目標進行操作。【Column 2】

投資……將資金投入可望獲利，前景看好的投資標的。一般意指購買股票、投資信託、債券、外幣計價商品、不動產等。由於無法保障本金，需承擔虧損風險，但有機會賺取比儲蓄更龐大的利益。尋求未來獲利，以獲得「長期」利益為目標。【Column 2】

投資信託（基金、投信）……資產運用專家（基金經理人）利用從投資人募集來的錢，投資、操作國內外股市和債券的金融商品。投資人從操作獲利中分取利潤。【No.2】

平均成本法……在固定時間，投入固定金額購買投資標的（金融商品）的方法。【No.1】

HA

FIRE……「Financial Independence, Retire Early」的簡稱。意思是「經濟獨立，提前退休」。存下一筆錢，提早辭去工作，利用投資收益生活。這是美國近年愈來愈普及的生活方式和觀點。【Column 4】

複利……「本金加上這一期獲得的利息（本息），在下一期重複計息的方法」。【No.11】

分散投資……在不同時間投資股票、債券、海內外等多個投資標的。所有資產一次虧損的風險較低。【No.1】

配息……透過投資信託的操作而獲取的利益，在固定期間支付給投資人的配息機制。相當於股票的股利。【No.2】

美股……在美國證券交易所上市的股票。【No.28】

變動支出……每個月支出金額皆不同的費用。例如伙食費、醫療費、日用品費、交通費、治裝費等。【No.3】

YA

存款 ……將錢存進銀行。【No.14】

多餘資金（剩餘資金） ……目前不打算用的錢。從手邊資產扣除生活費和緊急預備金（因應不時之需的錢）的資金。【No.5】

RA

REIT ……「Real Estate Investment Trust」的簡稱。這是美國開發的不動產投資信託商品。【No.13】

風險 ……結果不確定（結果可能出乎意料）。「價格變動幅度（行情波動）」。【No.5】

風險承受度 ……「可以承受（容許）多少損失」的程度。【No.5】

轉售價值 ……賣出資產時的價值、中古物件的資產價值高低。【No.6】

報酬 ……運用資產獲取利益。【No.5】

重整投資組合 ……因行情波動改變最初的資產配置（資產比率）比例時，藉由買賣部分持有資產的方式，恢復最初的比例。此舉有助於降低風險，維持穩定的投報率。【No.4】

收益率 ……相對於本金的整體利益比率。顯示出在一定期間內可獲得多少利益。【No.5】

貸款 ……借貸融資。消費或購買房屋的資金等，融資給個人的借貸行為稱為「貸款」。【No.15】

結語①

你學習理財了嗎？

藤吉豐

◆儘早學習理財的優點

原以為我多少懂一些理財。

我是由媽媽帶大的，之前工作的公司倒閉，自立門戶後又擔心收入不穩定，原以為這些經歷足以讓我體會到金錢的重要性。

身為自由工作者，我自己報稅，也以文道董事長的身分辦理公司決算。稅理士、銀行融資業務也給了我許多理財建議。比起在出版社工作（上班族）的年代，不只是親自管理財務的機會增加，思考稅金和社會保險的時間也變多。基於以上種種經驗，我原以為已經很了解金錢的流向。

但讀完一百本名著後，我發現自己根本不懂錢，自己對於金錢的理解全是一場美麗的誤會！

儘管心裡明白「不能沒有錢」，儘管擔心「這個月沒有收入該怎麼辦」，但還是疏於學習理財知識。

錢不見只要一瞬間，存錢卻需長期累積。想要累積財富，必須讓時間站在你這邊。

誠如本書第二十名闡述「學習理財的重要性」，愈早學習理財，對自己的助益愈多。

由於這個緣故，我一邊懊悔「應該早點因應」，也一直想著「要是年輕二十歲就好了」、「現在應該也能做些什麼扭轉局勢」，重新檢視自己的資產形成。退休生活真是令人煩惱啊！

說到改善自己的理財狀況，我正著手處理以下事項：
・重新檢視人身保險和汽車保險
・賣掉套牢的股票
・重整投資組合與重新配置資產（重新檢視投資信託、貴金屬大宗商品、定存等慢慢累積的資產比例）
・取消訂閱服務

◆別有用心買股票卻套牢

最難處理的是套牢的股票。當初證券公司的交易員問我要不要買A公司新發行的股票，還說新股承銷價只要○○○○日圓。

那時我想買新發行股票一定賺錢，於是完全沒研究A公司，也不知道公司經營者是誰，就笑咪咪地答應交易員，買了股票。

沒想到……我太天真，錯失了賣點。股價自此一路向下，那檔股票的市價只剩當初購買價的五分之一。

之前我曾買過股票，身為作家，我經常與公司老闆談話，只要覺得對方的想法很棒，或是想要支持該公司，就會買一些股票。

我買股票不是為了賺錢這等私欲，而是想支持公司發展，秉持著健全的投資觀點。

然而，購買A公司股票的情境和之前截然不同。不是從投資的角度出發，而是抱持投機心態（以短期利益為目的），別有用心地想著：「只要漲價就賣。」

股票上市後確實漲了一段時間，但我總是貪心地想著「等漲更多再賣」、「明天一定會漲」，於是一直錯過賣點，最後股價下跌，希望破滅。

千金難買早知道，當初我應該果決「停損」。

此後我一直持有A公司股票，藉此告誡自己「以賺錢為目的投資不是我的作風，若要投資，一定要認同投資標的」，絕對不可忘記健全的投資觀點。然而，誠如理財書作者指出的觀點，「儘早出脫不會上漲的股票，換股投資」才是上策（因此，我決定認賠殺出）。

　　投資股票需自負風險，沒有人會填補你的損失。A公司股票的經驗讓我深刻體會「訂定自己的原則並嚴格遵守」的重要性。

◆只有自己能守住自己的財富

　　製作本書的時候正值電力、瓦斯、食物、日用品價格高漲，基礎設施費用和生活必需品的漲價期。為了對抗生活過得愈來愈辛苦的時代，一定要具備正確的理財知識。

　　我深刻感受到不能再維持過去的用錢法，必須花工夫增加收入、節約與投資。更重要的是，必須勤勤懇懇、腳踏實地、努力不懈地做好眼前的工作。說到底，想要守住自己的財富，「唯有提高財富識讀一途」。

　　衷心希望本書能啟發各位，正確地「儲蓄、增加資產與用錢」。

結語②

寫給所有未曾學習理財的成年人

小川真理子

　　如今高中（部分高中和中小學）已開設金融教育，但成年人幾乎沒機會接受正統的金錢教育。
　　我也是其中之一。

　　在昭和時代度過了多愁善感的人生時光，幾乎沒受過金錢教育。

　　我媽媽常說：
　　「拿完錢要記得洗手，不曉得之前有多少人拿過那些錢。」
　　「你要多存錢。隔壁的○○就是存下了三個鐵桶的零錢，才在千葉買地。腳踏實地的存錢最有用！」

　　工作上簡單的會計實務，我也是邊做邊學。
　　我是在長大出社會後，才第一次從別人身上學習所有「金錢觀念」。那是二〇一五年左右的事情。
　　當時我協助永田雄三出版書籍，他不只是理財顧問，還成立了女性專屬理財教室「富女子會」。我是在那時開啟了理財之路。
　　永田先生說：「有錢的人生才有選擇權，我覺得女性可以選擇的人生道路很少。如果可以，女性一定要從二十多歲認真學習金錢。」接著便傳授我許多理財觀念。
　　雖然很晚才啟蒙（笑），但多虧永田先生讓我發現錢的重要性，

開始閱讀理財書。

◆ 錢包裡的錢也有助於增加財富

可惜的是，後來工作繁忙，遲遲未曾實際投資，久而久之也忘了要理財。

這次讀了一百本理財書，我真的很後悔，要是能儘早投資就好了。

我之所以後悔，是因為把錢放在家裡或存在銀行，根本無法累積財富。理財書作者讓我重新學會一個道理，那就是「好好學習，充分理解後再投資，就能累積財富。盡可能長期投資，多投資一天，風險就能少一分」。

今天放在錢包裡的一萬日圓，用完就沒了。
若不亂用，**好好投資，一年後有機會增加到一萬五千日圓**。

如此簡單的財富真理，我到現在才了解。
話說回來，不是所有人投資都能賺錢。
因為投資有風險，學習才能避免風險。

有鑑於此，本書排行榜的「第二十名想成為有錢人就要『學習理財』」真的很重要。

本書統整了理財書作者的「理財智慧」和「風險觀念」，衷心希望和我一樣從未學過金錢知識的大人們能閱讀此書。

◆金錢知識是檢視人生的契機

先前提到我看過一百本理財書後,感到十分後悔,但事實上,我很慶幸讀了這麼多理財名著。

因為理財名著給了我勇氣。

多數作者並非生天生有錢人,許多人的年薪不高,甚至手頭上的儲蓄少得可憐。

他們給的理財建議真的很實用,值得參考。

他們讓我知道「現在開始投資也不遲」。

還分享許多日常的省錢術以及存錢觀念。

錢是每天都要用的必需品。
銘記金錢知識,也是重新檢視人生的契機。

本書網羅了理財書的精髓。

各位看完本書,理解投資觀念後,請務必選擇一兩項,開始增加自己的財富。

我自己寫了一張這次一定要做的投資清單。

例如:水費改用信用卡支付,因為可以賺取信用卡紅利。

衷心希望本書能幫助各位的未來更加富裕充實。

本書參考的一百本名著

本書收集並調查了滿足下列所有條件的書籍。

・以「增加財富的方法」、「用錢術」、「投資法」、「節稅」、「繼承」、「省錢法」、「當沖」、「資產管理」等以金錢和資產為題材的書籍。
・「平成元年（一九八九年）以後」出版的紙本書和在電子媒體刊登的電子書。因為「符合時代需求的金錢知識」也可能隨著時代改變。
・「暢銷」與「長銷」書。根據銷售數量與書籍評價遴選，以統整出更多人能接受的原則。

　　不過，即使沒有滿足上述條件，也會根據書籍影響力的大小，審核以下作品：
・昭和以前出版的書籍，平成元年以後仍被公認為暢銷書與長銷書，躋身「年度暢銷書」排行榜的書籍。平成元年以後推出修訂版的書籍。
・介紹「FIRE」等新制度和概念的書籍。
・介紹傳說投資家和世界資產家的用錢法與投資術之書籍。

書籍清單（排序無關先後）

1. 《成為理財高手！ 便攜版》山崎元／Discover 21
2. 《錢不要存銀行》勝間和代／商周出版
3. 《日本第一簡單的「投資」與「理財」書》中桐啟貴／CrossMedia Publishing
4. 《我的庶民養錢術：稻盛和夫的啟蒙導師親授，勝過一票投資專家的「四分之一理財法」》本多靜六／大牌出版
5. 《彼得林區：征服股海》彼得・林區／財信出版
6. 《累積財富　超簡單美股投資術》Tapazou／KADOKAWA
7. 《日本最強股票勝經：從1萬到1億的理智投資法》安恆理／易富文化
8. 《寫給膽小者的股市入門書》橘玲／文藝春秋
9. 《年薪三百萬日圓FIRE　只花七年就從零存款到半退休的「增加財富法」》山口貴大【獅子兄】／KADOKAWA
10. 《客戶大排長龍的人氣女性FP　存錢、守錢、增錢　超正解30》井澤江美／東洋經濟新報社
11. 《擁有真正的自由　理財大學》兩@Libe大學長／朝日新聞出版
12. 《給真心想操作FIRE的投資人　資產形成入門書　30歲半退休的我實踐的高配息、增配股投資法》穗高唯希／實務教育出版社
13. 《稅金歸零　實惠的「積立NISA」與「一般NISA」活用入門》竹川美奈子／鑽石社
14. 《請教我存不了錢也無須為錢煩惱的方法！》大河內薰、若林杏樹／SANCTUARY出版
15. 《致富原子習慣：前國稅局官員解密，有錢人不說，卻默默在做的29個養錢法則》小林義崇／樂金文化
16. 《傑森流金錢增加法》厚切傑森／PIA
17. 《美國高中生學習的理財教科書》安德魯・O・史密斯（著）、櫻田直美（譯）／SB Creative
18. 《新版　正確的家庭財務管理》林總／SUMIRE書房
19. 《新操作生涯不是夢》亞歷山大・艾爾德／寰宇
20. 《金錢的重要故事　「賺錢×存錢×增加財富」的祕密》泉正人／WAVE出版
21. 《父親教導13歲兒子的金融入門課》大衛・比安奇（著）、關美和（譯）／日本經濟新聞出版
22. 《了解股票、投資信託、iDeCo、NISA　如今早已問不出口的投資基本觀念　視覺版》泉美智子（著）、奧村彰太郎（審訂）／朝日新聞出版
23. 《投資家有比「金錢」更重要的事》藤野英人／星海社
24. 《年薪200萬的一人富裕生活》ODUMARIKO／KADOKAWA
25. 《年薪200萬起的存錢生活宣言》橫山光昭／Discover 21

26 《猶太富豪的教導　成為幸福有錢人的17個祕訣》本田健／大和書房

27 《會存錢的人，為什麼房間都很乾淨？　「自然存錢的人」都在做的50個行為》黑田尚子／日本經濟新聞出版

28 《每月入帳18.5萬被動收入的「高配息」股票投資　投資門外漢上班族以本金5萬日圓實現夢想！》長期股市投資／KADOKAWA

29 《想教給20歲的自己的金錢知識》池上彰、「池上彰的新聞原來是這樣！」工作人員／SB Creative

30 《改訂版　最淺顯易懂！　最詳細！　個人型提撥制年金　iDeCo活用入門》竹川美奈子／鑽石社

31 《財富愈醒愈多》水瀨KEIICHI／FOREST出版

32 《請問一下，什麼是利息？》小林義崇／Sunmark出版

33 《從基礎了解！　積立NISA&iDeCo　第一次投資篇》Mediax編輯部（編）／Mediax

34 《主力的思維：日本神之散戶cis，發一條推特就能撼動日經指數》cis／樂金文化

35 《蘇黎士投機定律》馬克思・岡瑟／寰宇

36 《我用3萬月薪，只買雪球小型股，狠賺3000萬！：選股達人專挑「1年漲3倍」的小型股，3萬本金打造100%獲利的千萬退休金》遠藤洋／境好出版

37 《最簡單！投資股票入門書　改訂三版》安恒理／高橋書店

38 《巴比倫致富聖經：用10%薪水，賺到100%的人生【經典新譯・漫畫版】》喬治・山繆・克拉森／三采

39 《致富心態：關於財富、貪婪與幸福的20堂理財課》摩根・豪瑟／天下文化

40 《漫步華爾街：超越股市漲跌的成功投資策略》墨基爾／天下文化

41 《第一次有人這樣教我理財：從今天開始，我不再缺錢》宇田廣江／大田出版

42 《節約、儲蓄、投資前必看　如今早已問不出口的投資基本觀念　視覺版》坂本綾子（著）、泉美智子（審訂）／朝日新聞出版

43 《一輩子不為錢煩惱！　新版　你猜誰存得比較多？》菅井敏之／ascom

44 《房屋貸款就這樣借　改訂7版》深田晶惠／鑽石社

45 《新版　池上彰的金錢學校》池上彰／朝日新聞出版

46 《新版　撿黃金羽毛，變成有錢人　智慧人生設計的建議》橘玲／幻冬舍

47 《公司、政府與銀行都不教的事　退休後不再煩惱的理財術》賴藤太希／太和書房

48 《熱銷股票雜誌ZAI推出的股票入門書　改訂第3版》DIAMOND ZAI編輯部（編）／鑽石社

49 《看見價值：巴菲特一直奉行的財富與人生哲學》瑪麗・巴菲特、大衛・克拉克／先覺出版

50 《史上最強短線交易穩贏操作勝經》奧利佛・瓦萊士、葛雷格・卡普拉／新文創文化

51 《修訂版 富爸爸，窮爸爸》羅勃特・T・清崎／高寶

52 《世界第一想上的金錢課 一生都不為錢煩惱的「賺錢、用錢和存錢」技術》和仁達也／
三笠書房

53 《全世界有錢人都在做的財富倍增法》高橋丹／春天

54 《小狗錢錢》博多・薛弗／遠流

55 《開心存錢的「DUN家計簿」，讓人想好好記帳的金錢筆記本》DUN／PIA

56 《改變看錢心態，最快積累千萬資產的財務自由實踐版：學會運用收益護盾＋緩衝基金＋
股市投資的黃金配比，縮短辦公室社畜人生，提早過自己想要的生活》沈慧卉、梁宏峻／
方言文化

57 《傳說總編教你重點看公司四季報，購買潛力股》山本隆行／東洋經濟新報社

58 《金錢2.0新經濟的規則與生存之道》佐藤航陽／幻冬舍

59 《知道賺到的稅金解說書》出口秀樹／三笠書房

60 《投資終極戰：贏得輸家的遊戲──用指數型基金，打敗85％的市場參與者【二十周年全
新增訂版】》查爾斯・艾利斯／大牌出版

61 《彼得林區：學以致富》彼得・林區、約翰・羅斯查得／財信出版

62 《存款40萬日圓投資股票變成4億 本金增加一千倍的個人投資術》KABU1000／鑽石社

63 《世界上最容易理解的股價圖表實踐手冊 剝頭皮交易篇》二階堂重人／ASA出版

64 《億男》川村元氣／文藝春秋

65 《你的錢消失到哪裡去了？》井上純一／KADOKAWA

66 《3千日圓的使用方法》原田比香／中央公論新社

67 《會計天國》竹內謙禮、青木壽幸／PHP研究所

68 《我不懂艱澀知識，請教我增加金錢的方法！》山崎元、大橋弘祐／文響社

69 《寫給存不了錢的女性，這次一定成功的存錢術》池田曉子／文藝春秋

70 《賺時間的男人 新時代的時間與金錢法則》三崎優太／KADOKAWA

71 《90％的人都沒發現，但你一定要知道的金錢觀：打破迷思，從固定薪水走向財富自由，
用金錢吸引富足的祕密關鍵》今井孝／商周出版

72 《金錢教室談的可不只是錢！：這個世界上有六種方法可以賺到錢！世界最棒的經濟・金
融思考課程，你的人生課表就缺這一堂》高井浩章／三悅文化

73 《笨蛋也能賺錢「美股」高配息投資》Buffett太郎（著）、HARUTAKEMEGUMI（插圖）／
PARU出版

74 《最新版 就從一棟公寓買起！》石原博光／SB Creative

75 《我的方法在33歲建立3億日圓資產》午堂登紀雄／三笠書房

76 《對理財一竅不通的我成為自由工作者,請教我不多繳稅的方法!》大河內薰、若林杏樹／SANCTUARY出版

77 《磯野家的繼承　令和版》長谷川裕雅／PHP研究所

78 《 展開「輕鬆副業」的方法　聯盟行銷部落格　利用零碎時間將自己喜歡的事情變成錢!》HITODE／翔泳社

79 《最新　現在問不出口的比特幣與區塊鏈》大塚雄介／Discover 21

80 《巴菲特的長勝價值:洞悉最偉大投資人的金錢頭腦,以及勝券在握的7個哲學》羅伯特・海格斯壯／遠流

81 《富豪哥教你的事,卑微人生的25條非常逆轉》富豪哥(丸尾孝俊)／新雨

82 《跟錢做朋友:向日本股神學習影響一生的致富觀,打通金錢通道的理財課》村上世彰／采實文化

83 《成為社會菁英的教養投資》奧野一成／鑽石社

84 《學校沒教的重要大事3　金錢》旺文社(編)、關和之(漫畫插圖)／旺文社

85 《像儲蓄一樣實現3000日圓投資生活豪華版》橫山光昭／ascom

86 《繼承大白話　日本第一繼承專業YouTuber稅理士無私傳授金錢的得與失》橘慶太／鑽石社

87 《令和改訂版　代表自由工作者　學習了報稅和節稅的相關知識。》KITAMIRYUJI／日本實業出版社

88 《所有收據都可以沖銷費用》大村大次郎／中央公論新社

89 《稅務署員的祕密節稅術　所有收據都可以沖銷費用　報稅篇》大村大次郎／中央公論新社

90 《破解四季報,年年找到漲10倍飆股:連續20年,讀超過80本的四季報達人,教你找到漲10倍股票的最速竅門。》渡部清二／大是文化

91 《超快速FX:27分鐘賺256萬日圓的「鬼當沖」》及川圭哉／PARU出版

92 《上班族花300萬日圓買下小公司　百年壽命時代的個人併購入門》三戶政和／講談社

93 《澀澤榮一的100句訓言　「日本資本主義之父」的黃金智慧》澀澤健／日本經濟新聞社

94 《巴菲特法則實戰分析》瑪麗・巴菲特、大衛・克拉克／聯經出版

95 《波上的魔術師》石田衣良／木馬文化

96 《生涯投資家》村上世彰／文藝春秋

97 《這麼做就能增加財富　改訂3版》鑽石社、生活設計塾Crew(編)／鑽石社

98 《最新版　從這9本選擇積立NISA》中野晴啟／鑽石社

99 《代書萬萬歲!　1〜20》青木雄二(審訂)、田島隆(原作)、東風孝廣(漫畫)／講談社

100 《為定額丈夫津貼叫好:每月20,000日圓的虧本生活》吉本浩二／講談社

謝辭

　　一百本暢銷書系列推出了第四本書。

　　這次依舊承蒙各界人士伸出援手，詳列如下，特此感謝。

- 株式會社日經BP　宮本沙織（本書的責任編輯。這次同樣坐鎮，穩定軍心。藤吉與小川的口頭禪是「遇到問題就找宮本女士」！）
- 株式會社日經BP　大口克人（日經BP出版的《日經Money》發行人。感謝大口先生提供專業意見，不僅協助選出最好的一百本書，也確保書稿內容無誤。）
- chloros　齋藤充（經手本書內頁設計。他是藤吉與小川最信任的人氣設計師。以簡潔明瞭的版面設計，讓本書的豐富內容輕鬆易讀。）
- krran　西垂水敦、松山千尋（負責封面設計）
- 株式會社VERITA的岡本真尚（負責校對）
- 大叢山福嚴寺　大愚元勝住持（株式會社文道的命名者）
- 株式會社Nalanda出版　廣瀨知哲（一路陪伴文道成長的知己）
- 富女子會作家部／相田真理、高木翠、SATOURIE
- 本書介紹的一百本書作者
- 購買本書的所有讀者

　　最後，謝謝一直支持藤吉與小川的家人們。

作者簡介

藤吉 豐（FUJIYOSHI YUTAKA）

株式會社文道董事長。與其他三名有志一同的夥伴組成編輯團隊「chloros」。日本電影筆會會員。神奈川縣相模原市人。

曾經任職於編輯製作公司，經手企業宣傳雜誌、一般雜誌、書籍編輯與寫作等業務。離開編輯製作公司後，進入出版社工作，歷任兩本汽車專業雜誌的主編。從二〇〇一年成為自由編輯，從事雜誌、企業宣傳雜誌的製作、商業書籍企劃、執筆與編輯。採訪超過兩千人，包括文化人、經營者、運動員、藝人等。二〇〇六年以後，投入商業書的編輯協力工作，撰寫超過兩百本書。除了執筆工作之外，也致力於「推廣快樂書寫的活動」和「培養作家的活動」。認為「不只是作家，書寫力是所有人都應具備的口袋技能」（口袋技能＝不受到業種、職種的限制，在任何職場都能用到的技巧），教導大學生和社會人士寫作技巧。每天溺愛曾為浪貓的毛小孩。

小川真理子（OGAWA MARIKO）

株式會社文道董事。「chloros」成員。與其他三名有志一同的夥伴組成編輯團隊「chloros」。日本電影筆會會員。日本女子大學文學部（現為人類社會學部）教育學科畢業。住在東京都。曾經任職於編輯製作公司，經手雜誌、企業宣傳雜誌、書籍編輯與寫作等業務。後來成為自由寫手，與大型廣告代理公司的相關公司合作製作企業網站內容，擴展工作範圍。採訪過無數人，包括兒童、市井小民、文化人、經營者等。

目前從事商業書、實用書等書籍的編輯與執筆，同時活用過去三十年寫作資歷培養的「書寫」、「聆聽」的技巧和心態，致力於寫作講座，以學生、社會人士以及懷抱作家夢想的人為對象，指導寫作技巧。家裡養了兩隻貓。

■書籍【藤吉豐、小川真理子合著】
《最高寫作法》
《最強說話術》
《最強學習法》
《出社會必讀寫作法》（KADOKAWA）

■書籍【藤吉豐著】
《文章力是最強武器》（SB Creative）

■書籍【小川真理子著】
《女性自由寫手的工作術》（日本實業出版社）

■文道　https://bundo.style/
■Facebook　https://www.facebook.com/BUNDO.inc
■YouTube「文道TV」https://www.youtube.com/channel/UC4Tp1uYoit3pHXipRp_78Ng

```
最高理財術/藤吉豐, 小川真理子作；游韻馨譯. --
初版. -- 臺北市：春天出版國際文化有限公司,
2 0 2 5 . 0 5
  面  ；  公分. -- (Progress ； 43)
譯自：「お金の増やし方のベストセラー100冊」
のポイントを1冊にまとめてみた。
 ISBN  978-626-7637-70-8(平裝)
1.CST: 投資  2.CST: 理財  3.CST: 成功法

563.52                              114003638
```

最高理財術

「お金の増やし方のベストセラー100冊」のポイントを１冊にまとめてみた。

Progress 43

作　　者◎藤吉豐、小川真理子	總　經　銷◎楨德圖書事業有限公司
排版設計◎齋藤充（クロロス）	地　　　址◎新北市新店區中興路2段196號8樓
譯　　者◎游韻馨	電　　　話◎02-8919-3186
總　編　輯◎莊宜勳	傳　　　真◎02-8914-5524
主　　編◎鍾靈	香港總代理◎一代匯集
出　版　者◎春天出版國際文化有限公司	地　　　址◎九龍旺角塘尾道64號 龍駒企業大廈10 B&D室
地　　　址◎台北市大安區忠孝東路4段303號4樓之1	電　　　話◎852-2783-8102
電　　　話◎02-7733-4070	傳　　　真◎852-2396-0050
傳　　　真◎02-7733-4069	
E－ｍａｉｌ◎frank.spring@msa.hinet.net	
網　　　址◎http://www.bookspring.com.tw	版權所有・翻印必究
部　落　格◎http://blog.pixnet.net/bookspring	本書如有缺頁破損，敬請寄回更換，謝謝。
郵政帳號◎19705538	ISBN 978-626-7637-70-8
戶　　　名◎春天出版國際文化有限公司	Printed in Taiwan
法律顧問◎蕭顯忠律師事務所	
出版日期◎二○二五年五月初版	
定　　　價◎350元	

OKANE NO FUYASHIKATA NO BEST SELLER 100 SATSU NO POINT WO 1 SATSU NI MATOMETE MITA written by Yutaka Fujiyoshi, Mariko Ogawa
Copyright © 2023 by Yutaka Fujiyoshi, Mariko Ogawa
All rights reserved.
Originally published in Japan by Nikkei Business Publications, Inc.
Complex Chinese translation rights arranged with Nikkei Business Publications, Inc.
through Future View Technology Ltd.

讀一百本書太辛苦了！
就讀這本統整精華的秘笈吧！

WRITE UP 最高寫作法

「寫作法」的重要順序排行榜
- No.1 文章要「？？？」
- No.2 渲染力十足的文章有「範本」可循
- No.3 文章也要注重「？？？」

etc.

《最高寫作法》藤吉豐、小川真理子 著

SKILLFUL SPEAKING 最強說話術

「說話技巧、表達法」的重要順序排行榜
- No.1 對話時以「？？？」為中心
- No.2 「？？？？？」決定「表達方式」
- No.3 說話應張弛有度

etc.

《最強說話術》藤吉豐、小川真理子 著

SKILLFUL LEARNING 最強學習法

「學習法」、「記憶法」的重要順序排行榜
- No.1 不斷複習「？？？」
- No.2 釐清「目的」與「目標」
- No.3 善用「？？？」提升學習「品質」

etc.

《最強學習法》藤吉豐、小川真理子 著